Vittoria Pasquini
LA LEGGENDA DI BUSBY
Introduzione di **Filippo La Porta**

Riverton Press

Vittoria Pasquini
La Leggenda di Busby

Introduzione di Filippo La Porta

In copertina:
Disegno: Elena Palombi Luff
Elaborazione grafica: Simona Gasco
Rifinitura di colore: Raffaella Ottaviani

Disegno del libro: Leonie Lane

ISBN:
9780645033564 paperback
9780645033571 e-book

First published by Riverton Press, Sydney, Australia, 2024
© Copyright Vittoria Pasquini 2024

Per l'uso della citazione da *Oleander, Jacaranda: A Childhood Perceived* di Penelope Lively (1994), si ringrazia la casa editrice David Higham Associates.

Per Martina Elena Emer e Valerio, sempre

"La vostra casa è il vostro corpo più grande. Essa cresce nel sole e dorme nella quiete della notte e non è priva di sogni. Non sogna forse la vostra casa? E non abbandona in sogno la città per i boschi e le colline?"

Kahlil Gibran, *Il Profeta*

All habits are geared towards the linear, the sequential, but memory refuses such orderliness.

Penelope Lively, *Oleander, Jacaranda: A Childhood Perceived*

INTRODUZIONE

"Viandante, sono le tue orme / il sentiero e niente più; / viandante, non esiste il sentiero, / il sentiero si fa camminando." I versi di Antonio Machado potrebbero suggellare questo memoir in forma di romanzo.

La donna che narra celebra il suo congedo, dopo 18 anni, da quel "castello di sabbia" protettivo che è stato Busby: "abbiamo capito che la vita è un cammino pieno di soste ma pur sempre un cammino e che adesso è ora di ripartire". Busby, un vecchio edificio a pochi minuti dalla spiaggia di Sydney - restaurato e ridisegnato: ha accolto gente da ogni parte del mondo: rivoluzionari sconfitti e delusi, giramondo, esuli, fricchettoni. L'utopia concreta di una microcomunità eterogenea ma solidale, uno spazio cosmopolita dove la diversità è accolta fraternamente. Un po' come il ristorante di Alice di Arlo Guthrie, in quel film struggente di Arthur Penn, dove la comunità hippy, temporaneamente ospitata in una chiesa sconsacrata (con il sostegno del ristorante), si avvia a disfarsi, e i suoi membri a integrarsi nella società. L'io narrante, dopo aver perso i due mariti, ci va con i figli, e lì crea nuove relazioni, contemplando l'oceano da una grande finestra, ripensando la sua turbolenta biografia di giovane cattolica, rivoluzionaria, femminista, insegnante di italiano in Australia, imparando l'arte stoico-epicurea del carpe diem, mescolando yoga e Vipassana. Della sua esistenza, in cui ha interpretato con la stessa convinzione innumerevoli parti, unite solo (come qui si dice) dal passare degli anni, non dirò nulla. Vi rimando alla lettura, sempre godibile, anche nei momenti più drammatici. I quasi vent'anni di Busby scandiscono un percorso spirituale, una qualche "conversione" e una rinascita. Se ne trovano molti indizi, mi limito a sottolineare il valore del bagno e della cucina nella grande casa, due luoghi ritenuti secondari (i "servizi"): "il bagno è una meraviglia", "la cucina è un piccolo gioiello". Thich Nhat Hanh raccomandava di meditare facendo le pulizie di casa: alto e basso, cielo e terra, sublime e trash si ibridano di continuo. Lei rivernicia la stanza di rosa, un colore che specie al tramonto diventa un poco stucchevole, come lo zucchero filato delle sagre paesane. Ma la vita è fatta anche di zucchero filato, come anche di cose apparentemente inutili, gratuite ... La sua protesta contro un tempo lineare e contro ogni identità univoca richiama il grande scrittore nigeriano yoruba Akomolafe Bayo: "la *queerness* quantistica decostruisce l'identità e disfa il progetto spazio-temporale che ci vedrebbe arrivare a casa tutti d'un pezzo". E anzi "essere a casa è una preparazione all'esilio". Vittoria Pasquini condivide idealmente la sua stessa danza di "casa e esilio", di passato e futuro. La più bella e originale invenzione letteraria dell'autrice è il coro greco che fa da controcanto alla vicenda: le "voci fuori campo": ..."che erano gay e non si trovavano bene a casa loro, che l'Australia era meno omofoba del loro paese, che erano venuti per lavoro e poi c'erano rimasti, che qui la natura li aveva incantati...". C'è un "che" percussivo che imprime un ritmo alla intera narrazione, come un tamburo nelle feste dionisiache, o nelle cerimonie rituali yoruba.

Il libro che vi accingete a leggere è, manzonianamente, la storia di un'anima, fatalmente "contorta" (specie per chi nasce nel segno dei Gemelli). Storia di un'anima che è molto più reale della grande Storia e dei grandi eventi, di guerre e rivoluzioni. C'è un passaggio che a me pare decisivo. Quando lei parla della paura della morte che aveva da ragazza. Poi a un certo punto la superò immaginando di morire su una barricata, col poncho rosso e il pugno chiuso. La mia/nostra generazione - di cui questo testo è una storia veridica - ha chiesto alla politica più di quanto questa potesse darle: una redenzione. Eppure, l'unica cosa da cui la morte poteva essere sconfitta era non tanto il coraggio quanto "la profondità dell'oceano", la scoperta della Realtà, entro la quale vita e morte non sono più separate. È esattamente quello che avviene al principe Andrej Bolkonskij in *Guerra e pace*, quando, ferito ad Austerlitz, contempla il cielo sconfinato sopra di lui, tanto più grande della natura umana e della nostra effimera vicenda: "Nulla, nulla esiste all'infuori di esso. Ma neppure esso esiste, non esiste nulla tranne il silenzio, tranne la quiete".

Vittoria Pasquini ha dovuto percorrere 16.300 km – giusto la distanza tra il quartiere Flaminio e Sydney – per trovare la quiete e l'infinito.

Filippo La Porta

Il castello di sabbia era vecchio, vecchio cioè per l'Australia bianca degli invasori, nuovissimo però per gli abitanti originari che, sebbene non avessero mai costruito un castello, avevano però vissuto lì in Australia e perciò anche su quella collina di fronte al mare per almeno 65 mila anni.

Che la strada si chiamasse Busby e così di conseguenza tutti chiamassero Busby anche il castello, era dovuto al fatto che uno dei primi acquirenti di terra in quell'area di Sydney era stato appunto un certo William Busby.

Anche se si diceva in zona che il nome avesse a che fare invece con il colbacco usato dagli artiglieri a cavallo della regina d'Inghilterra e rappresentasse in qualche modo la firma dei due fratelli massoni inglesi che avevano costruito alla fine dell'800 il castello, la costruzione più antica di quell' area. Si diceva pure che Busby fosse stato edificato in parte con blocchi di pietra arenaria avanzati da Bronte House (la villa più importante della zona dedicata alla memoria dell' Ammiraglio Nelson, duca di Bronte), in parte con quelli strappati dalla collina lì dove stava il castello proprio dai due fratelli massoni. Ma questa era storia orale e nessuno aveva documenti che provassero la veridicità della leggenda di Busby.

Situato nella parte sud est del quartiere di Bronte ed in alto sul mare con una bella vista della baia di Clovelly e di quella di Coogee in lontananza, il castello era su due piani e a destra aveva una sua metà gemella. Originariamente al piano superiore sul davanti, esposto a nord, doveva esserci stato un lungo balcone a collegare le due porte finestre della grande camera da letto, la mattina sempre illuminata dal sole. Sullo stesso pianerottolo ma esposta ad est c'era un'altra stanza medio grande che immetteva con una porta finestra in quella che era stata originariamente una veranda e che poi ricoperta era diventata la terza camera da letto. Allungata fuori dalle mura originarie del castello e perciò senza quello spessore né freschezza dell'aria tipiche di una stanza dentro le mura, la terza stanza era costruita di materiale molto friabile, con tante piccole finestre allineate sul lato sud che avevano però una bellissima vista sul mare. A questa stanza lunga e stretta si poteva accedere sia dalla porta collegata alla stanza di mezzo oppure arrampicandosi su dalle scale fino ad una finestra che un tempo doveva affacciarsi direttamente sul mare e che ora invece dava sull'ex veranda.

Al piano terra l'entrata dalla strada avveniva attraverso un giardinetto abbandonato ed una porta che doveva aver visto tempi migliori.

Un corridoio lungo e buio dava subito a sinistra su una stanza piena di luce con una enorme finestra merlettata arcuata alla sommità e con due finestre laterali molto strette dello stesso disegno. Sulla parete opposta troneggiava un dipinto scolorito stile '800 inglese.

A metà del corridoio sempre a sinistra il bagno dalle pareti scalcinate e la vasca con piedi a testa di leone, poi in fondo la cucina e di seguito a sinistra un soggiornino che si allungava in un' alcova abbastanza grande e senza finestre. Dalla cucina si usciva in una microscopica veranda tutta a vetri con scalette che portavano giù al giardino di dietro a tre gradoni e sotto la casa alla cantina/lavanderia. In fondo all' ultimo gradone due garage gemelli.

Il castello era stato variamente descritto dai visitatori e dagli occasionali passanti a volte come un antico villino toscano, una casa yemenita, la casa veronese della Giulietta di Shakespeare, a volte come un battistero italiano dell'epoca rinascimentale.

PROLOGO

Un uomo alto, magro con i capelli neri e il volto sofferente, la donna al suo fianco scarmigliata gli occhi persi chissà dove, il bambino col biberon e un leoncino di pezza strapazzato, una ragazzina silenziosa come se non volesse essere lì.

Entrano nel castello. Gli viene incontro un gruppo di persone, amici evidentemente, dall'aria emozionata. Sono sporchi di vernice, devono aver dipinto dei muri, l'odore si sente nell'aria.

Tutti gli sguardi si concentrano sull'uomo che a stento si regge in piedi, la stanza è pronta qualcuno dice.

Due amici si offrono di accompagnarlo al piano di sopra, la grande stanza luminosa col *futon king size* lo accoglie.

Di sotto si confabula sottovoce. La donna con i due figli accanto dà spiegazioni in fretta, ha già ripetuto la stessa storia tante volte, si capisce.

Alcuni forse per distrarla le mostrano i lavori fatti. Avrebbe dovuto esserci un architetto e un'impresa professionale a fare la ristrutturazione perché l'interno era molto malmesso quando la donna e l'uomo solo pochi mesi prima entusiasti avevano comprato Busby all'asta, adesso non ci sono soldi ma non ha più importanza. La donna si guarda intorno con occhi distratti, è solo commossa dalla generosità degli amici.

Si improvvisa una pasta. Il gruppo è composito ma gli italiani prevalgono in cucina, il bambino viene coccolato e passato di braccia in braccia, la ragazzina risponde a monosillabi solo se interrogata.

C'è un senso di sospensione. Non si parla di altro, solo del momento, di questo lungo momento di attesa.

Tra poco arriva il medico, vediamo cosa dice.

IL RITORNO

Al rumore della frenata la porta del castello si apre.

Ne escono la figlia ormai giovane donna e un'amica di famiglia.

Si avviano verso la macchina da cui precipita fuori il bambino sorridente con occhiali da sole troppo grandi per il suo viso, avrà 9 anni al massimo, il leoncino ormai invecchiato ma sempre caro stretto al cuore.

La madre saluta con voce concitata, ci sono i due gattini dentro la macchina che l'hanno fatta impazzire durante tutto il viaggio, chiede alla figlia di prenderli, le conversazioni si incrociano veloci il tono è allegro, un po' di emozione.

La macchina è piena come un uovo ma il grosso verrà presto con lo spedizioniere, tutti hanno fame, un gran piattone di pasta li aspetta in cucina.

Per il momento la donna e il bambino staranno nella camera di mezzo al piano di sopra, anche i due gatti saranno chiusi lì per ambientarsi.

Devono aspettare che alcuni inquilini, amici certo, se ne vadano e poi lei riprenderà la grande stanza da letto, il bimbo la stanza di mezzo. O forse l'ex veranda per lei e la stanza di mezzo sempre per lui. O forse. Non si sa ancora, si deciderà poi, tutto è sospeso in aria, anche loro.

La sera l'amica e la figlia escono.

La donna si chiude in camera col bimbo addormentato, i gatti inquieti perché vorrebbero uscire e all'improvviso una grande malinconia la assale.

L'immagine di Giacomo sofferente nell'altra stanza sei anni prima e quel primo momento senza speranza che poi lei avrà sempre paura si ripeta le passano davanti, nitidi come un film ad alta definizione.

Ha forse sbagliato a lasciare Canberra, l'Australian National University, dove si trovava bene, la bella casa di Hovea St. che rappresentava la sua Vita Nova?

Le lacrime scorrono, i gatti miagolano senza pietà, il bambino si sveglia agitato, per fortuna può occuparsi di lui, abbracciarlo, coccolarlo finchè non si addormenta di nuovo. Lo scorrere del tempo, ha imparato, l'aiuterà.

*

Pian piano la vita ricomincia un'altra volta per la donna e per il bambino.

La spiaggia li accoglie benevola, da Busby a Bronte Beach sono otto minuti in discesa la mattina, dieci in salita il pomeriggio, è dicembre, estate piena, la donna non deve organizzare la giornata che si dipana tra bagni a mare e partite di calcio. Il bambino si esercita ostinato e appassionato col pallone, lei gli fa da compare, ha ancora il tiro potente residuo di anni giocati con fratelli e cugini, quando può cammina su e giù per la scogliera, molte decisioni da prendere, indecisa come non mai.

Dopo la settimana di clausura Coco e Cosmo s'affacciano al giardino, il perfido vecchio Jerry è in agguato a ogni ora del giorno, quel territorio è suo e i due gattini si devono adeguare.

La figlia si capisce che trovi difficile riadattarsi alla madre, al fratellino, agli orari, abituata com'è stata per cinque anni a vivere assai libera. Decide poco dopo Natale di andarsene a fare un viaggio nel Simpson Desert con degli amici. Anche l'amica di famiglia parte, lei per Byron Bay.

La madre ci rimane male. Si mette a dipingere di rosa l'ex veranda, sarà la sua camera da letto. Passa le giornate al mare col bambino, la sera si sente sola nel castello, subito dopo il tramonto il profumo del caprifoglio la inebria per un breve momento, le piace di più in inglese caprifoglio, *honeysuckle*.

La piccola veranda di vetro dietro la cucina diventa il suo rifugio, è aperta al mare, al cielo, al giardino di sotto. Finisce lì la sua tesi di diploma in Second Language Acquisition la sera, quando il bambino dorme e non si accorge che lei fuma ancora qualche sigaretta.

*

È mattina presto. Febbraio, forse le otto, forse un lunedì.

Voci concitate dentro il castello, scale scese in fretta, saluti.

La porta si apre. La donna e il bambino si precipitano fuori, attraversano il giardinetto che adesso ha l'erba tagliata e il recinto dipinto di fresco.

Portiere della macchina sbattute.

Il tragitto, da Busby alla Woollahra Primary School, viene percorso dal bambino con eccitazione per il prossimo incontro con gli amichetti, dalla madre con apprensione per tutte le cose che deve ricordargli e che forse lui dimenticherà. Baci e saluti altri baci.

Da lì all' Australian Catholic University, suo nuovo posto di lavoro, un'ora circa di traffico, la donna la passa ricordando tutte le ragioni per cui rimpiange l'Australian National University di Canberra e i colleghi di laggiù, ricorda *the good old times* quando coordinava il programma d'italiano, buttava al rogo i libri di testo e mandava gli studenti a fare presentazioni nelle scuole, programmi radiofonici, interviste agli italiani 'locali', preparava pezzi teatrali con loro, programmi televisivi. Adesso nella nuova università lei è solo la ruota di un ingranaggio sempre uguale e anche abbastanza antiquato. Spera sempre che SBS Radio accetti la sua proposta di un programma educativo così da immergersi in un lavoro diverso e soprattutto creativo, ma ormai ci crede poco.

Quasi in trance attraversa la città nell'ora di punta mattutina, la City con i suoi grattacieli, la baia che le risuona tutt'intorno e la prima cintura periferica, abitata all'inizio del ventesimo secolo dalla buona borghesia che ora invece preferisce la villa al mare con vista mozzafiato. Dopo circa un'ora finalmente Strathfield e Mount Saint Mary Campus. Nel caos metropolitano, nostalgica della calma e del verde di Canberra, ripensa a quanto è diversa adesso la sua vita: da *Lecturer* è tornata ad essere *Assistant Lecturer*, contratto annuale invece che posizione permanente, molti meno soldi, abitazione malridotta e rapporto con la figlia, la ragione principe del ritorno a Sydney, ancora complicato.

Il pomeriggio tardi va a Bondi a riprendere il bambino da Vera la donna cinese che gestisce un piccolo doposcuola in casa, ha anche un figlio della stessa età del suo, stanno in classe insieme.

La donna ha mandato il bambino da Vera senza conoscerla perché una veggente a Canberra le aveva detto che una 'Vera' l'avrebbe aiutata al suo ritorno a Sydney.

Il bambino non è particolarmente contento di questa sistemazione, tre pomeriggi a settimana, non è neanche contento di essere tornato a Sydney. Ha lasciato a Canberra Ale, il suo amichetto del cuore, la casa con un grande bellissimo giardino e la sua squadretta di calcio che aveva vinto il campionato locale.

Madre e figlio tornano a Busby tutti e due un po' malinconici.

Il castello è illuminato e questo rincuora la donna, il bambino è felice almeno di riabbracciare i suoi amati gattini.

*

Pomeriggio tardi, quasi sera, candele accese ovunque nel castello.

Gli abitanti ci sono tutti, tutti insieme nella grande stanza di sopra, c'è anche un ospite inatteso e assai gradito.

Si capisce che qualcosa di importante sta per succedere.

Silenzio sospeso, un tamburo comincia a suonare, l'atmosfera è profumata di fiori e d'incenso.

Silenzio. Alcuni minuti di silenzio, di nuovo il tamburo, poi si passa alla stanza seguente, altro incenso, altri fiori, altre candele, altro silenzio.

Uno dopo l'altro lentamente tutti gli ambienti, la cucina, il bagno, anche il ripostiglio sotto le scale e la lavanderia, vengono visitati, vissuti in silenzio, respirati dal gruppo, ormai divenuto un corpo unico.

A cerimonia finita tutti sono contenti, emozionati, un po' di imbarazzo prima di ricominciare a parlare, poi piano piano si sciolgono.

La donna soprattutto. È stata lei a lanciare l'idea della *puja*, della purificazione del castello. Vuole scacciare il dolore che la notte ad occhi aperti immagina impregnato nelle pareti di sabbia, nel legno dei pavimenti, nell'aria intrappolata da allora, sei anni fa, nei meandri grandi e piccoli di questa dimora, per lei affascinante ma ancora un po' inquietante.

L' ospite inatteso ha anche lui i suoi conti da regolare con Busby.

Vuol fare pace con sua nonna, ex proprietaria del maniero morta prima che lui potesse scusarsi di avergliene combinate tante quando molto giovane, in visita dal Portogallo, non faceva altro che ubriacarsi e drogarsi pensando che lei non se ne accorgesse. Incontrata per caso a un party l'amica di famiglia che lo ha invitato alla cerimonia, sente che, finalmente, sua nonna l'ha perdonato.

È un pittore in viaggio verso Tokyo dove esporrà i suoi quadri.

Superpasta superbrindisi, c'è anche il dolce per finire.

*

Dopo qualche tempo a Busby, nel giardino davanti, un albero d'arancio viene piantato di fronte alla grande triplice finestra.

Nel giardino di dietro il primo livello viene occupato dai gatti che difendono adesso con più efficacia le loro ciotole sempre piene di cibo. Gli altri due livelli sono ancora in stato comatoso, i garage lasciano intravedere mobili vecchi, scatoloni non ancora aperti, una spalliera svedese, delle mazze da golf mai usate. Molti i ragni velenosi, si scopre con terrore.

Adesso l'amica di famiglia si è posizionata nella stanza grande di sopra, il bambino sempre nella stanza di mezzo, la figlia al piano terra nella stanza davanti e la donna nella ex veranda dipinta di rosa.

I mobili portati da Canberra e fatti entrare con grandi difficoltà visto il corridoio stretto, mobili che in parte sono venuti dall'Italia in parte acquistati a Canberra, si capisce che daranno un tono diverso all'ambiente. Dalla casa per studenti fuori corso si passerà allo stile nobiltà decaduta o *genteel poverty*.

C'è spesso un viavai di nuovi, vecchi amici e conoscenti, un aprirsi e un chiudersi in continuazione della porta del castello, un gran vociare, musica, discussioni, alterchi e anche risate, specialmente la sera tardi.

Rumore di piatti, profumo di salsa al pomodoro.

*

La camera rosa è adesso la sua camera. Se dovesse dire perché ha scelto il rosa la donna si troverebbe in imbarazzo perché il rosa è un colore che ha sempre evitato come la peste, troppo sdolcinato. Il rosso vivo della rivoluzione e il rosso arancio New Age sono sempre stati i suoi colori preferiti, ma certo per lei è impensabile dormire tra pareti rosse. In più ha scoperto che la luce del sud che trapela dalle finestrine sul mare è azzurrata e così dopo la fatica di dipingere di rosa le pareti screpolate (è forse amianto?... non vuole indagare) ha anche il sospetto che sia il colore sbagliato. Eppure ha scelto il rosa d'impulso, se lo ricorda bene, anche se non ricorda il perché. Forse per cambiare. A volte fa delle cose imprevedibili per mettersi alla prova, per vedere le cose da un punto di vista completamente diverso.

All'alba il rosa è il colore giusto però. Il sole si leva dalla finestra laterale sopra il suo letto, una finestra vecchia e difficile da aprire ma la luce all' alba è arancio rosata, così tutta la stanza è luminosamente in gloria. Al tramonto invece sull'altra parete, quella delle tante finestrine che guardano il mare, la luce azzurra di fuori fa diventare il rosa delle pareti di dentro stucchevole, sembra il colore dello zucchero filato artificiale delle feste paesane italiane.

Il tavolo di vetro lungo e stretto, Frate di Enzo Mari, che lei ha comprato a Canberra da Gianluca, ex collega e fuggevole amante e che ha sistemato in posizione preminente davanti al mare, riflette la luce del cielo il pomeriggio. È difficile usarlo in quelle ore, meglio la mattina o la sera.

Il tavolo l'ha comprato con i soldi vinti per il premio letterario *Due Giugno* del Consolato Generale d'Italia di Sydney. Un premio che lei considera imbarazzante visto che le è stato dato in Australia dove fa i conti con scrittori italiani non professionisti, neanche lei lo è ma le sarebbe piaciuto avere un giudizio sui suoi scritti da una giuria italiana in Italia. I soldi però sono stati precisi, mille dollari, la cifra esatta che l'ex voleva per il tavolo.

Quanto alle *Diapositive Australiane*, così ha chiamato i suoi raccontini, insomma le sembra ancora oggi che esprimano quelle emozioni profonde provate i primi tempi in Australia, non se ne vergogna diciamo.

Adesso il tavolo che le piace moltissimo sembra ricordarle anzi ammonirla che è ora di cominciare a fare sul serio.

La fotografia è ormai cosa del passato. Di quando c'era Giacomo nella sua vita, pieno di energie, entusiasmo e anche soldi per regalarle tutte le possibili e più costose macchine fotografiche, lenti, cavalletti nonché pagarle sviluppi, provini e stampe. Adesso senza di lui e con pochi soldi le è rimasta la scrittura, non costa nulla ed è stata sempre un chiodo fisso attorno a cui girare, cincischiare, rimandare, inventandosi distrazioni, sotto sotto, lo capisce ora, per paura.

Ma di che? Forse del confronto con un fratello scrittore fin da piccolo sicuro di farlo e con l'altro giornalista appassionato? Forse non vuole entrare in conflitto con loro, è la sorella maggiore e vuole forse proteggerli, non competere. Ma competere perché? Se non ha neanche provato, veramente provato, non si è data la disciplina necessaria, non si è mai messa alla prova.

Il ritorno a Sydney, così sofferto così difficile da decidere, racchiude il progetto scrittura insieme a molti altri. Ma in questa stanza rosa con questo tavolo Frate di fronte al mare, questo è il solo progetto.

*

La camera di mezzo al piano di sopra è stata abitata da vari amici e conoscenti in successione. È la stanza meno interessante della casa, non ha particolari bellezze. Dalla finestra abbastanza piccola si vede solo la casa accanto e, se uno si sporge tanto dallo spesso davanzale di pietra arenaria, uno spicchio di mare in lontananza. Non è abbastanza grande né abbastanza piccola per essere particolare. È così una stanza di media grandezza non luminosissima. In più comunica, attraverso quella che era stata in passato una porta finestra, con la ex veranda diventata adesso la camera da letto rosa. E questo ovviamente è uno svantaggio se nelle due stanze abitano perfetti sconosciuti o comunque persone che amano un po' di privacy. Un vantaggio però la camera di mezzo ce l'ha. Essendo una stanza totalmente interna alle mura antiche e con solo una piccola finestra, mantiene benissimo il fresco d'estate e il caldo d'inverno.

Al ritorno da Canberra quella stanza diventa la stanza del figlio da subito e per sempre.

Al bambino piace, si sente protetto. C'è poi un altro grande vantaggio, è una stanza molto silenziosa, le mura non fanno passare rumori. Se chiude la porta si può sbizzarrire con i suoi giochi di fantasia, soprattutto con il Lego senza che i suoi amati gatti o qualcuno dei tanti abitanti o visitatori del castello per sbaglio passando calpestino una delle sue complicate costruzioni.

In più all'inizio della sua permanenza a Sydney la comunicazione con la stanza rosa della mamma rende questa postazione preziosa.

A Canberra d'inverno il freddo cane e anche la voglia di coccolare e di sentirsi vicino il corpo caldo del bimbo, avevano spinto la donna, dopo che uno dopo l'altro per varie ragioni se ne erano andati gli ospiti passeggeri o di lunga permanenza, a far dormire il bimbo nel suo lettone. In più lei aveva (difficile da confessare a quasi cinquant'anni!) ancora un po' paura di vivere da sola, il bambino le faceva compagnia e si sentiva in grado lì nel lettone di proteggerlo dalla possibile intrusione di un fantomatico ma sempre presente nel suo inconscio ladro notturno. Era la sua una paura antica, forse ereditata dalla madre che le aveva parlato una volta a Tagliacozzo, in vacanza d'estate, di come si fosse svegliata nella notte e avesse 'percepito' la presenza di un uomo nella sua stanza, forse un possibile ladro. Da allora la faccia agitata ed impaurita della madre le era rimasta impressa nella memoria e quando rimaneva da sola a casa di notte a volte le ritornava in mente e le creava ansietà.

Così il bambino a Canberra si era abituato a dormire con la madre, adesso è cresciuto e lei pensa che sia ora di staccarsi lui da lei e lei da lui. La casa è piena di gente, lei non si sente più sola la notte e può sempre alzarsi e andare dal figlio se si sveglia senza sentire il gelo penetrarle nelle ossa, Sydney ha un clima subtropicale e l'inverno non è mai freddo.

Una cosa che la preoccupa parecchio nella sua relazione con il figlio è la sua educazione. Hanno un rapporto quasi simbiotico, ma la mancanza di una figura maschile nella sua vita la obbliga a fare da padre e da madre.

Come si è madre e padre allo stesso tempo? Si osserva a volte e si ritrova ad alternare atteggiamenti che reputa razionali, decisi, senza ripensamenti, con comportamenti più interlocutori veicolati dall'affetto e dal desiderio di vedere il bambino felice, spesso accontentandolo.

L'aggravante per lei è che non ha solo un figlio ma anche una figlia senza padre, due padri diversi ed assenti per ragioni diverse. Silvio, il padre della figlia è lontano, a Roma o in viaggio in Oriente, perciò quasi inesistente se non per le visite che la figlia gli fa una volta all'anno in Italia a Natale, per le sporadiche venute di lui in Australia e per le lettere che si scambiano e che però alla donna sembrano sempre più distanti dalle problematiche che la figlia prima adolescente e adesso giovane donna deve affrontare. Ma la figlia è già grande, molti errori commessi nella sua educazione sia dalla madre che dal padre, questo la donna lo ammette con dispiacere, però è consapevole che adesso può solo entrare in relazione con lei sempre più da donna a donna più che da madre a figlia.

Col figlio invece deve darsi da fare, è ancora piccolo e sta a lei guidarlo.

Così, il suo atteggiamento nei confronti della stanza di mezzo è quello di vederla come un primo piccolo passo nella soluzione del problema del distacco dal figlio. Una stanza di mezzo a molti livelli, un passaggio intermedio per la madre e per il bambino.

*

Sotto la scala che porta al piano di sopra c'è un ripostiglio buio che col passare del tempo impensierisce la donna. Non ricorda cosa c'è dentro, sa solo che quell'antro oscuro racchiude pezzi della sua precedente vita in Italia, dimenticati lì nell'*annus horribilis*. Secondo il *Feng Shui* che lei ha consultato a più riprese, gli angoli bui e le cose ammucchiate e non utilizzate impediscono il fluire delle energie positive e quel ripostiglio, con una folla di oggetti diversi buttati lì alla rinfusa e mai più considerati, crea un attraversamento difficile nel pezzo di corridoio tra il bagno e la cucina.

La donna apre la porticina finalmente un giorno con cautela e, nella penombra che trapela fra le assi di legno, scopre il suo ingranditore fotografico.

La fotografia l'aveva cominciata con Silvio quando erano sposati molti anni prima e volevano fare qualcosa di interessante insieme. Lui l'aveva presa sul serio, si capiva subito che aveva un occhio eccezionale. Lei no, lei aveva cominciato a fare foto senza quel trasporto e quella disciplina che le avrebbero dato sicurezza, quelle basi fondamentali da cui partire e da cui poter trarre il piacere di sperimentare.

Soltanto in seguito, nell'anno in Kenya con Giacomo e senza più poter insegnare in Italia (vecchie storie politiche) aveva ripreso la fotografia come mezzo di espressione personale e perché no come nuova possibilità lavorativa.

E poi l'anno seguente, di ritorno da New York a Roma, l'incontro con Eleonora brillante fotografa l'aveva entusiasmata veramente. Con lei, dopo quasi due anni di vita all'estero, la donna rivedeva Roma attraverso il filtro della lente con occhi disincantati, per la prima volta non più il suo centro del mondo ma il luogo dei sogni rivoluzionari infranti.

Parecchi ex compagni amici e conoscenti in carcere, molti a leccarsi le ferite, chi con le droghe l'alcool o la psicanalisi, chi suicida, pochi dignitosamente in ritirata, alcuni abbassata la cresta avevano scelto il compromesso.

Lei certo non era da meglio, aveva scelto la fuga.

Con molte scuse è vero. La storia importante con Giacomo che per lavoro veniva spedito all'estero di qua e di là, la sospensione della 'buona condotta' di fascista memoria e quindi la fine della carriera scolastica per lei e la necessità, perciò, con una bambina piccola di trovarsi un nuovo mezzo di sostentamento. Ma comunque di fuga si trattava.

A volte pensava che sarebbe dovuta rimanere, accettare la sconfitta bruciante, la repressione, gli anni di piombo e, pesce nell'acqua, insieme a tanti altri silenziosamente ricostruire un progetto di cambiamento a lunga scadenza.

Rivedeva come in un film in cinemascope la sua storia politica

il montgomery rosso

il motorino *Ciao* rosa con cui all'alba andava a megafonare alle operaie davanti alla Fatme i discorsi infuocati con le guance in fiamme per l'emozione davanti alle assemblee della Facoltà di Lettere alla Sapienza

il carcere di Rebibbia dove per tre volte brevemente aveva soggiornato e intinto il pollice nell'inchiostro

i mesi passati a Gela con compagne e compagni a sperare la rivoluzione del Sud

il ritorno a Roma e la fine progressiva della sua cieca fiducia in Potere Operaio gruppo politico da lei fino allora molto amato e della sua cieca fiducia in un cambiamento esterno che non comportasse anche un cambiamento interiore

il novello interesse per il femminismo con il personale è politico e poi *Zizzania* la rivista ironica provocatoria postfemminista che lei e le sue amiche creavano e distribuivano rossetto nero turbanti in testa e serpenti al collo.

A New York aveva ripreso a fotografare. Questa volta la città, magnifica con i suoi grattacieli e le Due Torri che si vedevano dal suo appartamento, paesaggio urbano assai drammatico e tagliente, si confaceva al suo spirito sconfitto e in fuga.

Aveva poi continuato a Roma, con Eleonora avevano creato mostre sulla città, *Eur-Foro Italico andata e ritorno*, striscia di cartoline in bianco e nero, *La tensione sospesa*, foto di tetti e antenne tv in primo piano, poi di nuovo cartoline ma a colori per *L'apparire dei luoghi, i luoghi dell'apparire*, questa volta mostra sulla periferia romana. Un anno passato a girare in Vespa con Eleonora nei quartieri più disperati della città. Un'esperienza indimenticabile. E per finire un film super8, immagini veloci e nevrotiche del centro di Roma, molto lente e campi lunghi quelle invece della periferia, in sottofondo un canto, un urlo di disperazione e impotenza di un'amica soprano. Si intitolava *Per farla finita con Roma* il super8. Così la donna si sentiva all'epoca.

La lente dell'ingranditore è molto buona. L'aveva comprata con Silvio e la usavano insieme per stampare in bianco e nero, poi lui si era messo in società con un bravissimo fotografo sparito purtroppo qualche anno dopo nel Nord Africa, forse ucciso dalla mafia o dai servizi segreti. Silvio aveva deciso allora di continuare da solo e ce l'aveva fatta, era diventato un fotografo professionista.

Ma la lente dell'ingranditore ora Silvio la vuole. Gliel' ha chiesta spesso e lei gliela darà la prossima volta che va a Roma, è giusto, lui continua a fare fotografia lei no.

La toglie dall'ingranditore, la ripone nell'apposito piccolo contenitore blu, chiude il ripostiglio senza rimettere a posto niente e la porta di sopra, nella sua camera rosa.

*

Nel soggiornino sbilenco con tavolo rettangolare e finestra sul giardino da cui entrano imperterriti rami di edera impossibili da sterminare, si incontrano giornalmente gli abitanti del castello. Lo spazio è poco, ci si può solo sedere attorno al tavolo oppure nell'alcova, il divano ha visto tempi migliori e spesso bisogna contenderlo ai gatti. Originariamente cucina e soggiorno erano separati da un assurdo tramezzo che gli amici generosi avevano buttato giù sei anni prima, al suo posto adesso c'è una cassapanca quadrata che funge anche da ripostiglio, il bambino ci salta sopra in continuazione.

Gli orari dei pasti sono vari e dipendono dalle diverse attività scolastiche universitarie e lavorative dei diversi abitanti.

Il bambino e di conseguenza la donna hanno orari fissi per la colazione e la cena, gli altri si aggregano se possibile, se no si cucinano a parte. La figlia è vegetariana, l'amica di famiglia mangia soprattutto all'italiana, il nuovo fidanzato della figlia del viaggio del deserto (ospite frequentissimo) è flessibile, il bambino vorrebbe solo mangiare pasta al momento. La donna si sente spaesata, scontenta del lavoro, preoccupata che il bambino non si ambienti bene, che la figlia non si ritrovi più con loro, il fidanzato è una nota positiva. Dopo un periodo di interregno, l'amica di famiglia si trasferisce a Redfern, il fidanzato della figlia si trasferisce a Busby.

La dinamica cambia nel castello con la partenza dell'amica di famiglia. Il bambino felicissimo dell'arrivo di un uomo nella sua casa finalmente! si prodiga in mille modi per farsi amare, includendo la sorella nel circolo affettivo, a volte escludendo la madre che è contenta dell' intesa dei figli e anche di quei momenti di libertà personale inaspettati.

Quando ci sono gli ospiti a cena però le preoccupazioni quotidiane scompaiono, la donna le mette da parte e si concede una vacanza.

Sin da piccola ha sempre amato immergersi nel 'gruppo'. La casa di famiglia era una 'casa aperta', molti gli invitati a pranzo o a cena, parenti e amici che passavano per un caffè, bambini che venivano a giocare con lei e i due fratelli, ex donne di servizio che portavano dolci fatti in casa e chiedevano piaceri. Tra la gente, la sua innata curiosità si è sempre potuta rivolgere verso gli altri, all'esterno cioè, invece di infilarsi come un coltello affilato nel suo interno dove spesso ha trovato antri oscuri. E tra 'gli altri' si dimentica, si sente non più sola con i suoi problemi ma parte di un tutto articolato e interessante.

Nel soggiornino, le sere degli inviti, tutti si affollano attorno al tavolo, si prendono sedie dalle altre stanze, ci si stringe, qualcuno mangia anche sulla panca o sul divano. La cucina quasi primitiva è spalmata tutta sul muro opposto al tavolo così che i cuochi di turno devono dare le spalle agli invitati e questo a volte rallenta la preparazione dei pasti, chi cucina vuole partecipare alla conversazione ed è disposto anche a interrompere a metà la frittura, per esprimere il suo parere.

Gli amici sono tanti. Un po' perché la donna ha mantenuto i contatti a Sydney con gli amici 'del tempo che fu' quando con Giacomo e i due figli erano molto felici e abitavano, prima di comprare Busby, nel bellissimo appartamento sulla baia a New Beach Road, Darling Point. Un po' perché nei cinque anni che la donna è stata a Canberra, il castello è stato abitato da un considerevole numero di persone, diverse per età razza religione cultura e idee politiche, tutte a loro volta con amici diversi, tutte che gravitano ancora chi più e chi meno attorno a Busby.

La maggior parte degli amici sono espatriati recenti, spesso non per necessità ma per scelta, con un interesse vivissimo per la politica australiana (per rinforzare l'idea che hanno fatto bene a trasferirsi Down Under) e per la politica della madre patria (per rinforzare l'idea che hanno fatto bene ad abbandonarla).

Molti vengono da storie politiche terribili vissute nei loro paesi, i sudamericani si dividono in cileni con le loro storie di Allende e Pinochet, gli argentini con i *desaparecidos*, i colombiani e i brasiliani con le loro storie di droga e violenza urbana, i tedeschi si capisce che stanno uscendo finalmente fuori dagli incubi del nazismo e della seconda guerra mondiale, i canadesi rilassati e tranquilli molto simili agli australiani, gli italiani ancora ossessionati dalle recenti vicende delle Brigate Rosse e dagli anni di piombo.

Gli espatriati italiani che frequentano Busby sono tutti di sinistra anche se con diverse provenienze politiche così che quando si incontrano litigano spesso. È un nodo delicato quello del passato, è la loro carta d'identità vera, io ero del PCI, io mai stata comunista, io anarchico, io nel movimento studentesco, io simpatizzante di Prima Linea, io cattolico ma del dissenso.

La donna si confronta spesso con gli italiani, le sfaccettature politiche sono tante e assai differenti, lei poi scopre che nessuno degli amici ha partecipato attivamente, come lei e Giacomo, alle vicende politiche degli ultimi anni, pochissimi vengono da Roma. Tutti amano dire la loro, accalorarsi, prendere parte, litigare, tutti però amano Sydney e l'Australia. Tutti amano raccontare e spesso anche riraccontare la propria storia personale, tutti si trovano bene nel castello che sembra accogliere, nutrire queste diversità. Ne ha viste parecchie Busby, le sue mura vengono dalle rocce dell' antica collina sottostante, niente lo può spaventare e forse gli abitanti e gli amici degli abitanti sentono questa sua energia saggia.

(VOCI FUORICAMPO)

...che se n'erano andate dall'Italia perché erano disilluse dai sogni infranti di rivoluzione e volevano avventurarsi nel posto più lontano possibile dal luogo della sconfitta politica, che volevano vivere in mezzo alla natura selvaggia, che volevano imparare a conoscere la cultura aborigena e gli Aborigeni, la popolazione vivente più antica al mondo, che erano arrivati in Australia dopo aver girato per tutta l'Asia e anche per le isole del Pacifico, che avevano incontrato altrove il grande amore australiano e dopo un po' l'avevano raggiunto a Sydney, che erano gay e non si trovavano bene a casa loro, che l'Australia era meno omofoba del loro paese, che erano venuti per lavoro e poi c'erano rimasti, che qui la natura li aveva incantati e non potevano più tornare nelle loro città piene d'inquinamento, che qui si trovava lavoro e casa facilmente, che così finalmente imparavano l'inglese, che non avevano rimpianti perché Sydney era così aperta, multiculturale, piena di gente venuta da tutto il mondo, che si parlavano tante lingue diverse in Australia che arricchiscono culturalmente invece di quel mondo antico da cui venivano e in cui non cambiava mai nulla, che le famiglie le avevano lasciate alle spalle perché c'erano spesso delle storie dolorose ed irrisolte, che si sentivano libere di fare e di essere tutto quello che volevano e che non avevano potuto fare altrove, che ci si poteva vestire come si voleva invece di dover seguire le stupide mode stagionali, che qui c'era un rispetto per la natura che neanche se l'immaginavano dall'altra parte del mondo, che le spiagge erano tutte libere, che i parchi avevano gli angoli per il barbeque, che si andava al pub tutti insieme con gli infradito l'operaio e il miliardario, che la corruzione e la mafia qui non esistevano, che la polizia c'era solo quando necessario per il resto era come se fossero vigili bene educati e sorridenti, che la patente non aveva la foto e la carta d'identità non esisteva, la burocrazia era una passeggiata e l'organizzazione della società efficiente ma rilassata, che per rimanere in Australia bastava sposarsi con un amico e viverci insieme per qualche tempo, che i ragazzi potevano lasciare la famiglia a 18 anni perché trovavano subito casa e lavoro, che il *dole* era facile da ottenere e sufficiente per campare senza grandi pretese, che una città come Sydney, dove il mare era pulitissimo con anche 4 milioni di abitanti, i parchi ogni tre metri, le piscine pubbliche a pochi soldi, il tempo sempre buono anche d'inverno, ma che meraviglia che era!!!...

*

È marzo, di sera.

Il soggiorno è affollato, gli ospiti straripano nella verandina, nell'alcova, anche nel corridoio e nei due giardini. I cuochi si danno da fare nonostante il caldo e le zanzare, discussioni accese sono nell'aria, qualche litigata sulla pasta subito risolta però perché finalmente è cotta al dente, così tutti a tavola.

Di fronte al piatto caldo, gli italiani dicono subito la loro, è buonissima, manca un po' di sale, mia madre la faceva così, mia nonna colà, non c'è niente di meglio che un piatto di 'spaghi' quando si è in attesa.

Gli altri cinesifrancesisudamericanitedeschinglesindonesiani sorridono educatamente. Tutti però volgono in continuazione lo sguardo alla tv. Silenzio di attesa che piano piano diventa sempre più teso, più preoccupante poi agghiacciante, mentre i risultati delle elezioni scorrono sullo schermo e i giornalisti si gettano sui dati come delle iene pronte a divorare la vittima del momento. Nel frattempo riprende il cicaleccio.

La donna ha passato 5 anni nella capitale australiana a godersi con gli amici di là i dibattiti in Parlamento mandati in onda la sera tardi in tv. Paul Keating è riuscito a farla interessare di nuovo alla politica con la sua passione, la sua intelligenza dei massimi sistemi e il suo spirito caustico fulminante. I suoi avversari tremano, per lei anche se non perfetto come avrebbe voluto, è stato però un bravo primo ministro. Molti australiani invece lo considerano 'arrogante' e per questa ragione non l'hanno rivotato oggi, preferendogli il liberale John Howard, uomo senza qualità secondo molti. Non si aspettava di vincere e adesso si teme che ribalterà tutto quello che di buono aveva fatto Keating e prima di lui Bob Hawke. Sono stati 13 anni di governo federale laburista, anni entusiasmanti pieni di multiculturalismo, protezione dell'ambiente, riconoscimento degli Aborigeni come primi abitanti dell'Australia, università gratis, patto tra sindacati e padroni, il tutto dal 1983, proprio l'anno fatidico in cui lei era arrivata in Australia e la vita era bella. È una tragedia, lei non riesce a pensarci, un grande shock collettivo, nessuno era preparato a questo cambiamento. Ipotesi, critiche, alterchi, litigate infuocate. Poi piano piano silenzio.

La notte tiepida subtropicale seduce gli animi e la stanchezza prevale, tutti si alzano attraversano in silenzio il lungo buio corridoio e alla porta si abbracciano, amici come prima.

*

Il corridoio stretto, lungo e male illuminato non le piace proprio.

Più ci passa e meno le piace, è forse l'unica parte del castello che proprio non le va giù.

La donna ha sempre amato gli ingressi italiani, il luogo intermedio tra il fuori e il dentro, il luogo delle cerimonie, del benvenuto, degli abbracci e dei baci, dei cioccolatini e dei fiori ai padroni di casa. Gli ospiti ci si fermano un poco per acclimatarsi all'interno, alle energie delle persone che ci abitano.

L'ingresso a viale Pinturicchio a Roma, tante lune fa nella casa dei genitori, era una delle sue stanze preferite. Luminoso e quadrato con un grande specchio molato, un tavolinetto inglese George V e due candelabri dorati, il pavimento di marmo che si estendeva a destra nel salotto e a sinistra nella camera da pranzo, tutte e due le stanze connesse con l'ingresso da due grandi porte a vetri.

Lì lei e il fratello piccolissimi avevano inventato il loro primo gioco: gira gira gira e gira come dervishi con le braccia alzate all'altezza delle spalle cantando a squarciagola abballerinabandierarossatrionferà finchè la testa non gli girava davvero e cadevano a terra entusiasti.

Per gli eventi, i pranzi e le cene importanti le due porte venivano aperte completamente e con l'ingresso di mezzo i tre ambienti diventavano un unico grande salone. Adiacente alla porta d'entrata un piccolo spogliatoio con attaccapanni antico che includeva uno specchio, il posto per gli ombrelli e anche una mensolina per il telefono nero e quadrato. Era il luogo delle confessioni al buio, delle rivelazioni inaspettate, il luogo dove tutto era permesso, anche i segreti più intimi. Lei si rifugiava lì a parlare al telefono con le amichette e in seguito anche con i fidanzatini.

In Australia invece dell'ingresso le case antiche costruite dagli invasori e spiccicate a quelle della madrepatria, si aprono soprattutto su corridoi stretti e lunghi dove si entra in fila indiana e si cammina spediti fino al primo slargo. Ogni volta che attraversa il corridoio, la donna immagina possibili e più spesso impossibili modifiche a quel budello buio che collega il davanti il dietro il sopra e il sotto di Busby. Ne parla con amici che s'intendono di architettura, amici fotografi o amici visionari. Opinioni diverse e accalorate, a volte lei pensa addirittura di abbattere il muro centenario di comunicazione tra il corridoio e la stanza all'entrata e fare dello spazio così ottenuto un ambiente unico, sicuramente molto luminoso, sicuramente una pazzia.

Stamattina però le è venuta un'idea che forse la riconcilierà con l'odiato corridoio. Passeggiando su e giù per *Hyde Park* con un'amica ha visto un giovane madonnaro italiano che disegnava sul marciapiede una Madonna di Leonardo, da lei tanto amato. Naturalmente una Madonna sarebbe fuori luogo sul muro del corridoio e non risolverebbe il problema che le sta a cuore però però...se il ragazzo, e si è fatta dare il numero di telefono speranzosa, è bravo come sembra, se il ragazzo cioè fosse capace, potrebbe dipingerle sul muro un *trompe-l'oeil* con una falsa prospettiva. Per esempio una veranda aperta sul mare col cielo luminoso e una barchina in lontananza.

Attraversa su e giù il corridoio, guarda la parete prescelta da vari angoli, immagina il dipinto e cerca di capire come e dove la falsa prospettiva dovrebbe trovarsi per poter essere percepita al suo meglio. Sì perchè il corridoio è un luogo di passaggio, così la prospettiva cambia man mano che ci si muove. Il falso dovrebbe quindi vedersi dall'entrata o nel mezzo del corridoio, oppure alla fine? O addirittura quando si ritorna indietro e si esce? La donna a questo punto viene travolta da un turbinio di possibilità e come spesso le capita non può fare a meno di lasciarsi andare con la fantasia e perdersi nei meandri, veri e propri corridoi della mente che la portano a nuovi bivi, svolte in zone sempre più remote, altre possibilità sempre più impossibili, fino al quasi perdimento della ragione prima del ragionamento. E in questo perdersi però c'è una sorta di godimento, un ritorno all' infanzia, ai giorni in cui parlava da sola e inventava delle storie la cui trama si srotolava per immagini sempre più slegate da quel 'C'era una volta una bambina' che era poi lei che si perdeva sempre.

Entra allora in cucina e si fa un tè bancha con la prugna umeboshi per riconquistare un equilibrio operativo nella giornata che si avanza.

*

Le scale di legno erano state dipinte di marrone scuro sempre dagli amici sempre in quel periodo lontano e doloroso.

Quel colore però non piace affatto alla donna, è per lei un po' lugubre e avrebbe voluto scorticare la vernice, riportare il legno al colore miele naturale caldo e protettivo, ma il troppo da fare, l'incapacità di usare le mani come avrebbe voluto, l'hanno fatta desistere velocemente.

In un'altra sua vita certamente la manualità sarebbe al primo posto, prima di tutte quelle nozioni inutili e dannose inculcatele sin da bambina a proposito della mente (che è poi la classe dirigente) e il braccio, il lavoro fisico (e cioè la classe operaia), così che lei adesso è sempre impaurita e preoccupata quando deve fare qualcosa con le mani. Cucinare quello sì che le piace molto, tagliarepelarefriggerebollireimpastaremetterealfornoimpanare ma per il resto, una vera imbranata. Pensare, in quello è molto brava, ma farla poi quella cosa pensata è sempre difficile, così le scale, salendo e scendendo molte volte al giorno, sono oggetto di riflessioni accurate su come forse...se solo volesse...potrebbero ritornare al loro antico splendore.

Ma poi sotto sotto c'è sempre la scappatoia dei futuri lavori ciclopici che un giorno con i soldi della eredità di famiglia, divisi in tre tra lei e i suoi fratelli, con i suoi soldi perciò potrebbe fare la famosa fantasmagorica ristrutturazione di tutto il castello.

Ne ha proprio bisogno il castello. Casca a pezzi in molte parti, la scomodità è la sua nota caratteristica e la mancanza di luce in varie zone l'altro elemento degno di nota. Così mettersi in un'impresa di cui non ha la competenza e non sa quindi che risultati potrebbe ottenere, grattare la vernice delle scale, riempire i buchi, scartavetrare, passare la base poi l'olio, farlo asciugare e lucidare gli scalini uno per uno ma non troppo se no c'è il rischio di rompersi il collo, tutto questo quando poi a conti fatti con la ristrutturazione subentrerebbe la sostituzione di quella vecchia scala con una più moderna, scalini aperti che lascino intravedere l'area del soggiorno con la sua grande futura vetrata sul mare invece di quella macchia oscura che blocca la luce nella parte anteriore del castello, tutto questo varrebbe così la pena?

Su e giù, lei, il bambino, la figlia, gli ospiti dormienti, gli affittuari, i parenti in visita e gli amici cari perfino i gatti su e giù, tutti l'hanno usata e la usano molto quella vecchia scala dipinta di marrone scuro, porta su alle stanze da letto e giù al bagno, cucina, veranda, soggiorno e stanza d'entrata.

È, si dice la donna per consolarsi, un buon esercizio fisico.

Su e giù come nella vita. Almeno così è successo nella sua.

Un continuo cambiamento di prospettiva, di visione, di riflessione, molte volte al giorno.

*

Quattro giugno, di sera.

Non ha voluto una gran festa per i suoi cinquant'anni.

Ci si è avvicinata con trepidazione, ha deciso di tornare a Sydney da Canberra prima del grande evento, metà della sua vita forse anche di più già passata, meglio prendere decisioni adesso più che rimandarle a un futuro imprevedibile.

Lasciare Canberra non è stato facile. Lì aveva svernato il lutto per cinque anni, lì il bambino si era trovato molto bene con l'amichetto del cuore, il giardino bellissimo di Hovea St. e la stanza assolata piena di giochi, lì all'Australian National University lei aveva finalmente trovato delle grandi soddisfazioni professionali.

Ma....e c'è spesso un 'ma' nella vita di lei, aver lasciato la figlia appena maggiorenne a Sydney con l'amica di famiglia là nel castello dei sogni infranti in totale dissesto, le pesava non poco. Capiva che a Canberra da sola e con un bambino piccolo, in una piccola città australiana, sede sì del governo federale e incentrata prevalentemente sulla politica australiana e sull'università di ricerca ma ancora poco multiculturale, si sentiva stretta.

La donna aveva sempre vissuto, in Italia e all'estero, in grandi città dove poteva perdersi tra la folla e sentirsi anonima se voleva. A Canberra invece, incontrava ovunque colleghi, studenti, amici sempre legati all'università, al suo lavoro cioè. A volte si sentiva quasi imprigionata nel suo ruolo di accademica. Una dimensione costretta e ripetitiva che lei aveva sempre rifuggito. Di tutto questo il ritorno a Sydney è stata la logica conseguenza.

Adesso però che è ritornata a Sydney, che si è sistemata come voleva e che deve solo concentrarsi sulla vita nel presente, ogni tanto mentre guarda dalle finestre della sua camera rosa l'infinita distesa del mare sotto di lei, un pensiero furtivo, quasi proibito anche se antico e ricorrente, le si affaccia alla mente. È l'idea di ritornare a Roma, all'ovile, che irrompe spesso nei suoi grovigli immaginari. Là c'è la grande famiglia, i due fratelli carissimi, cognate, nipoti, cugini e tanti ancora tanti amici. Perché non alza i tacchi e se ne ritorna? Cosa c'è che la trattiene veramente qua, in questo paese lontanissimo, dimenticato da dio e dagli uomini, dove è capitata per caso e dove le cose sono andate esattamente all'opposto di come lei se le aspettava?

E qui la risposta che si dà spesso come un vecchio refrain anche se forse non completa, le rimbalza fino al cuore. È perché deve sistemare quello che ha lasciato in sospeso. Busby. Avrebbe potuto essere il loro 'nido d'amore', veder crescere i figli, creare una culla sicura da dove espandere la conoscenza in mille rivoli come lui e anche lei avrebbero voluto fare, in libertà senza nessun pregiudizio, né ideologia, né provincialismo di sorta. Da soli, liberi e felici.

Invece eccolo il castello, un antro cascante anche se pieno di atmosfera. La donna guarda il soggiorno, la cucina, l'alcova con occhio critico, c'è molto da fare, chissà se ce la farà.

Però…Inutile pensarci adesso però, oggi è la sua festa e le preoccupazioni meglio lasciarle al domani. Riesce come suo solito a distrarsi dal problema che l'assilla e a concentrarsi su quello che di piacevole le offre la serata.

I figli, il fidanzato della figlia, l'amica di famiglia, una coppia di amici giovani e simpatici hanno preparato una buonissima cena, si sta arrivando al dolce. L'amica all'improvviso sparisce, gli altri ritardano la torta e le candeline, la donna non capisce.

Improvvisamente bussano alla porta, nessuno vuole andare, insistono che vada lei. Scontenta attraversa il corridoio mentre da fuori si sente un gran vociare. Apre e nel buio della notte vede una colonna di amici che si snoda dall'inizio della strada fino all'ingresso di Busby, ognuno con una scintilla luminosa in mano, ognuno che le canta Tanti Auguri!

Il castello si anima, la serata tranquilla si trasforma in un party chiassoso, luminoso, pieno di regali, di musica, di danze, molti abbracci. La porta che dà sul giardino di dietro si spalanca per ospitare il fiume di amici troppo stretti nella verandina, su e giù per le scalette c'è un gran viavai, si apre lo spumante, un'altra grande torta, ci sono discorsi, lei anche parla commossa e si dichiara felice sì felice veramente, ora in questo preciso momento, della scelta tormentata di restare in Australia, nonostante tutto.

Si guarda intorno e trova tutto e tutti improvvisamente meravigliosi. È stupita ed incantata dall'affetto degli amici così numerosi. La vita a Sydney, a Busby, la vita di per se stessa, le sembra bella di nuovo.

Si lancia nel suo futuro con un sorriso.

"Ballare mi va di ballare all'infinito" ha scritto in una poesia.

*

Il bagno è una delle tante note dolenti della casa.

Non perché sia brutto anzi! Stretto e lungo con una grande finestra, la vasca decadente e screpolata con zampe di leone, il soffitto alto di rame lavorato a ghirigori ma purtroppo dipinto in bianco, ha un'aria solenne che si addice al castello. Ha però bisogno di un restauro completo, probabilmente non è mai stato toccato dall' inizio dei tempi.

Il lavandino non è di suo gusto, assolutamente. Messo lì dagli amici generosi *illo tempore*, è di una forma che la donna detesta e cioè un blocco compatto, lavabo piccolo, inutile e con armadietto attaccato. Niente a che fare con i bellissimi lavandini di ceramica grandi spaziosi a cui era stata abituata in Italia, una colonna che si ergeva dal pavimento a sorreggere il piatto, dentro lei poteva quasi lavarsi tutta se non voleva fare la doccia da piccola a casa dei suoi genitori, mentre il bagno nella vasca di marmo si faceva una volta alla settimana. Niente di esotico come il secchio con cui si lavava a Kiriwina fuori dalla sua capanna di fronte alla barriera corallina. Niente di artistico come il lavandino anni '20 sistemato sotto la finestra del suo bagno newyorkese, uno squarcio della metropoli di lontano. Un lavandino senza qualità.

La doccia è scomoda e malfunzionante a Busby nella vasca con le zampe di leone, le pareti scolorite, il pavimento di cemento ridipinto assai scrostato lascia intravedere, quasi un quadro di Pollock, macchie scure della precedente pittura, a volte bianco sporco, a volte verde bottiglia, a volte quasi nere.

La condensa che si crea dopo la doccia è un serio problema d'inverno. Senza ventilatore il bagno entra in una bruma indistinta impossibile da eliminare se non aprendo totalmente la grande finestra esposta ai venti che salgono dal mare.

All'entrata, di lato alla porta c'è una sorta di scaffale fatto sempre dagli amici di un tempo, coperto da un sarong colorato in cui gli abitanti di Busby nascondono valigie e oggetti usati poco che naturalmente non beneficiano dell'umidità creatasi dopo i lavaggi mattutini.

La donna la mattina si chiude in bagno per una lunga scomoda doccia nella vasca con le zampe di leone. Nei suoi sogni il bagno è un'immagine ricorrente, nel bagno avvengono sempre degli incontri stranissimi ed improbabili, c'è sempre dell'acqua che scorre e che, ha letto, dovrebbe rappresentare il movimento delle sue emozioni che escono fuori e che si snodano davanti ai suoi occhi. Sogni positivi quindi, lei spera.

E così da lì, da quel buco umido, da quel bagno così diverso da tutti quelli da lei conosciuti nel passato, nuda ed in preda ai venti marini, esamina la sua vita e il da farsi prossimo futuro, indugia più che può, lasciandosi accarezzare dall'acqua sempre bollente, lasciandosi cullare dai frammenti dei suoi sogni.

Si riscuote dal torpore solo quando qualcuno bussa alla porta. Il suo turno è finito, avanti un altro.

*

La stanza di sotto a sinistra subito dopo l'entrata è molto bella.

Quadrata, di grandezza media, ha una parete di triplici finestre che l'illuminano tutta. La donna ci va ad abitare quando l'amica di famiglia si trasferisce a Redfern e la figlia col nuovo fidanzato del viaggio nel deserto decidono di prendersi la grande stanza da letto al piano di sopra. Lei preferisce andare al piano di sotto, immagina che i due fidanzatini si possano sentire più liberi senza la di lei madre vicina e spera che il bambino si renda più indipendente. La camera rosa diventa così la camera degli ospiti sempre numerosi.

La donna nella stanza di sotto sente un'energia speciale, un'energia che chiama ora spirituale senza problemi perché non si confonde più con la religione dei suoi avi che ha rinnegato durante gli anni rivoluzionari romani. Prende invece questa energia dal rapporto con la cultura aborigena che, anche se da poco, l'ha però entusiasmata con le sue storie orali fatte di sogni che creano il mondo, di canti che indicano la via, di cammino sulla terra con passo leggero. E poi anche dalle discipline orientali che aveva frequentato un poco già prima di trasferirsi nel sud est asiatico. *Yin e Yang* adesso sono molto più interessanti per lei del dicotomico Buono o Cattivo di cattolica memoria.

L'energia nella stanza di sotto le dà la forza di crearsi finalmente una routine mattiniera di meditazione e yoga in successione. È sempre stata incapace di continuità la donna, un suo grosso cruccio, ma questa stanza così aperta verso il fuori, verso il mondo, verso l'albero di aranci che fa frutti due volte all'anno, si confà al suo novello amore per la disciplina fisica e mentale.

Cuscino rotondo e un po' bombato sotto il culo, tappetino yoga per le gambe incrociate, schiena eretta, la mattina presto prima che la fretta, colazione, figlio a scuola, lei al lavoro, prenda il sopravvento, uno sguardo alla finestra e al di là, poi occhi chiusi, respiro controllato, sensazioni in tutto il corpo, di nuovo il respiro, lentamente.

La meditazione Vipassana le fa cominciare bene la giornata, riesce a farla sentire in armonia con se stessa. Riesce in quella pausa di immobilità ad accettarsi, cosa sempre difficile per lei in passato, a sentirsi tutt'una e non spezzata in tante parti, a capire che il respiro che circola in tutto il suo corpo e poi esce e si mescola con il respiro del mondo, è il soffio vitale che si rinnova continuamente e che le può far cambiare il rapporto con se stessa e con gli altri. Dopo venti minuti, yoga.

Tolto il cuscino, a piedi nudi sul tappetino azzurro, riproduce posizioni che due volte a settimana impara entusiasta nella scuola di Randwick dalla sua maestra Dee, bravissima, anche la figlia che fa yoga tutti i giorni l'ammira. La donna è sempre stata attiva fisicamente, da piccola le piaceva correre, era molto veloce e batteva spesso anche i maschi, da adolescente aveva partecipato ai campionati studenteschi, al liceo faceva parte di una squadra di pallacanestro e gareggiava con le altre scuole. Poi la politica, le aule fumose, i divani delle discussioni infinite, le canne, hanno allontanato dal suo orizzonte l'esercizio fisico. Adesso vuole ricominciare, ha il giardino pieno di alberi, il parco con la spiaggia e il mare sotto casa, sta smettendo di fumare, vive in un paese dove *la fitness* è centrale nella vita della popolazione, non può tirarsi indietro.

Tra le tante attività possibili ha scelto lo yoga perché è quello che riflette meglio il suo interesse per la connessione corpo-mente-ambiente-universo. Veramente lo yoga è induista mentre la meditazione Vipassana è buddista, ma non importa, adesso lei ama mischiare, ibridare, pasticciare in questo mondo multiculturale in cui si trova a vivere, tutto ha un senso nello spazio grande australiano e può a volte dimenticare il tempo lineare a cui era stata abituata nel vecchio mondo da cui viene. La donna è così pronta ad affrontare la giornata.

*

La lavanderia è il posto del trash

dell' inutile che però non si può mai sapere

del vecchio da dar via che si accumula per sempre

dello scassato da aggiustare

del non mi ricordo di chi è ma qualcuno poi lo verrà a richiedere

delle bottiglie da riciclare

delle provviste in più fuoriuscite dalla cucina

dei panni da lavare sempre troppi

della lavatrice spesso non funzionante

dei ricordi meno importanti da regalare o da portare da Vinnies della cesta dei gatti che però non ci dormono mai

degli attrezzi da giardino sempre poco usati

delle sedie i tavolini le sdraio

la lavanderia è il sottocasa

un antro oscuro pieno di mistero

è il sostegno

è la radice ultima del castello

i pilastri su cui tutto si regge

le fondamenta

la donna ne è intimorita e ci va pochissimo,

la scusa è che non le piace lavare i panni.

Quand'era piccola amava guardare dalla finestra della sua stanza a viale Pinturicchio Angela, la lavandaia calabrese che una volta a settimana in balcone nella grande vasca di granito, sbatteva, strizzava, allargava, smacchiava, insaponava, sciacquava e risciacquava le lenzuola, lavoro che Lina, la donna di servizio, si rifiutava di fare. Cantava sempre Angela quando lavava, forse era ubriaca insinuava Lina a cui stava antipatica, rideva troppo per i suoi gusti. Non c'era la lavanderia a viale Pinturicchio ma quell'angolo del balcone di cucina stretto e lungo con la vasca di granito dedicata alle lenzuola era una posto speciale per lei bambina e poi adolescente, era un posto allegro, parlavano dalla finestra lei e Angela che le raccontava di sua madre, figlia illegittima di nobili locali laggiù in Calabria, fatta sposare a un contadino in un paesino oscuro di montagna, la donna la sarebbe andata a trovare dopo le prime lotte studentesche, un'estate con la sua amica Clara.

Aperta sul primo livello del giardino di dietro, la lavanderia di Busby gode di una vista magnifica del mare di Coogee, la siepe di caprifoglio a destra, di fronte un albero di felce, più in basso una palma, a sinistra un albero fragile dai bellissimi fiori color prugna cosciadimonaca.

Le feste, le mitiche feste di Busby, fuoriescono inevitabilmente nel giardino di dietro che è il più ampio e con i suoi tre livelli permette la privacy delle conversazioni intime, dei baci fugaci, delle canne speciali fatte solo tra intenditori, è lì che nelle notti calde e umide d'estate si finisce ad ascoltare la musica, a parlare e straparlare, si fanno gli ultimi brindisi traballanti, si tirano fuori i rancori, gli amori, le visioni per un futuro migliore.

La donna nelle serate piene di amici si avventura allora nella lavanderia illuminata senza paura e mette su una lavatrice.

*

La stradina laterale che si snocciola di lato a sinistra del castello e che scende giù alla lavanderia, al giardino di dietro e da lì ai due garage, aveva subito continui cambiamenti.

Sterrata all'inizio e poi mattonata, viene spesso trattata come deposito di materiale da costruzione a volte necessario per riparare finestre sbilenche o assi di legno del pavimento marce, a volte ci si trova un barattolo di vernice usato o una bici del bimbo in disuso.

C'è poi l'annoso problema del cancelletto a sinistra del castello: si scoprì presto che quello già in posizione era talmente fradicio che non si reggeva quasi in piedi. Non l'avevano notato lei e Giacomo, tutti presi dall'eccitazione dell'acquisto della loro casa australiana e all'asta poi!, una novità per loro giovani italiani, il cancelletto era così un dettaglio insignificante, probabilmente sempre aperto nelle due visite affrettate che fecero alla proprietà prima di decidere di comprarla, affascinati dal suo mistero e dalla sua decadenza.

In seguito, con il bambino che voleva sempre aprire e chiudere tutto, si decise di cambiare almeno il gancio di chiusura, si decise ma si rimandò continuamente, troppe altre le cose importanti che richiedevano aggiustamenti prioritari, così per lungo tempo si usò un pezzo di corda per chiudere e salvare il bambino da possibili fughe sulla strada.

Adesso che il bambino è cresciuto il cancelletto rimane sempre aperto, per la stradina i gatti delle case accanto si avventurano in continuazione nel giardino di dietro per andare a mangiare dalle ciotole di Coco e di Cosmo.

Gradino dopo gradino, se si arriva giù all'entrata del primo garage, ci si volta indietro e si guarda in su, il castello si rivela in tutta la sua maestosità e disfacimento. La parte di dietro è la piu' rovinata: costruita in un secondo momento, fatta di materiale altamente deteriorabile, esposta alle intemperie dei venti del sud che vi si abbattono a volte con violenza inaudita, lascia intravedere però la bellezza della pietra arenaria della parte davanti.

Come un gioiello antico impolverato e nascosto, in attesa di essere riscoperto, pulito e riportato allo splendore che si merita.

*

Ai garage si accede da una porticina che dà sul terzo e ultimo livello del giardino di dietro oppure dalla strada che scorre lungo il perimetro sud del terreno del castello.

Le saracinesche mezze scassate non si possono chiudere a chiave. All'interno è buio totale nel garage di sinistra, quello di destra prende un po' di luce dalla porticina che dà sul giardino. Sembrano antri delle streghe i due garage, bisogna tenere le saracinesche aperte se si vuole vedere dentro. La macchina è troppo complicato mettercela, per tornare a casa dai garage bisognerebbe poi risalire nel giardino senza luce, magari di notte, magari con le buste della spesa, meglio parcheggiare sul davanti a Busby Parade.

I garage contengono oggetti di grandi dimensioni, quello che non si vuole più usare o non si può ancora, che si deve dare via ma non si trova chi lo voglia o non si ha ancora la voglia di venderlo o di gettarlo via, contiene anche oggetti altrui poggiati lì in attesa di esser ripresi per finalità varie. A periodi alterni il garage di sinistra viene affittato o usato come una sorta di laboratorio artistico dalla figlia o da altre persone, quello di destra rimane sempre un ripostiglio, solo occasionalmente diventa luogo per il mercatino dell'usato e i proprietari e gli amici radunano lì tutto ciò di cui vogliono sbarazzarsi.

L'umidità, le ragnatele e i possibili topi scoraggiano le visite individuali e favoriscono quelle di gruppo che di solito avvengono dopo un lauto pranzo domenicale quando qualche ospite porta nuovi oggetti oppure si ricorda di un oggetto da prelevare.

Per la donna è il posto della memoria, dei ricordi assopiti che arrivano all'improvviso, di quello che avrebbe potuto essere, il buio del cuore che a momenti prevale.

Ci passa spesso davanti quando va a passeggiare sulla scogliera, 7 km andata e ritorno Bronte-Bondi, un saliscendi che si apre sull'oceano a volte sereno a volte tumultuoso. Con circospezione tira su la saracinesca e si mette ad osservare a distanza cosa è rimasto della sua vita passata, soprattutto

la spalliera svedese di sua figlia comprata da un ex studente a Roma e usata tanto dalla bambina acrobata nel loro piccolo bellissimo appartamento di vicolo Jandolo a Trastevere

le mazze da golf di Giacomo, regalo di un collega a Nairobi, lì mai potute sfoggiare visto che mamma gheparda aveva figliato nella buca numero 9 del campo da golf vicino al loro resort, il *Milimani Hotel*

il tavolinetto tondo di specchio molato con zampe a foglie d'edera della prozia Clementina, tavolinetto che lei aveva ammirato nel salotto di via Donatello insieme alle poltrone di velluto bordeaux e alle porte di legno scorrevoli con scene di caccia opera di un pittore bulgaro amico del prozio acquisito Mikail Mikailoff.

Tira poi giù la saracinesca la donna e con essa chiude i ricordi, si guarda intorno e riconosce la luce, il calore, i colori di Sydney. Si dirige verso la scogliera.

*

La facciata del castello è di pietra arenaria lavorata. Grossi lastroni, trasportati forse a mano dai due fratelli massoni costruttori, vengono illuminati dal sole la mattina e la sabbia millenaria sembra trasudare dalle mura, le finestre merlettate hanno un aspetto gotico, imponente.

La donna a volte, tornando a piedi dal mare, si sofferma a guardare in lontananza quella che adesso è la sua abitazione e la confronta nel ricordo con tutte quelle in cui ha già vissuto

a Roma

la casa di via Firenze, dove è nata e dove il suo destino si è deciso,

la casa di viale Pinturicchio dove adolescente scriveva i suoi sogni e i suoi segreti nel diario dedicato ad Anna Frank

la casa di via Bevagna dove ha passato la maggior parte dei suoi anni politici ancora in grembo alla famiglia

la casa di Grottarossa con il grande terrazzo in mezzo ai pini che ha visto la nascita della sua bimba amatissima e i brevi anni di felicità con il suo primo marito

la casa di ponte Milvio, casa che ha assistito alla disgregazione del suo matrimonio, ai suoi anni di femminismo

la casa di Trastevere con il cortile del Trecento invaso in primavera dal glicine in fiore, il terrazzo con vista sul Giardino degli Aranci e l'incontro fatale con Giacomo

a Nairobi

il residence con la giacaranda gigante e la piscina circondata da fiori per lei esotici, le patatine fritte e l'hamburger per la bimba, *mtoto* in swahili, il club "Per Soli Neri" dove lei ha ballato in mezzo alla pista con il suo amico Tommy dopo essersi fatti una super canna con erba comprata a mazzi al mercato della frutta

a New York

l'appartamento sulla Quinta Strada, angolo Quattordicesima, da cui le Due Torri e Washington Square si vedevano brillare la sera mentre i fuoriusciti politici italiani si radunavano nella sala da pranzo a complottare e parlare parlare e parlare ad Algeri

il villino fuori dalla casbah con gli alberi d'arancio e il couscous fatto a mano da Sahra la donna delle pulizie

a Sydney

l'appartamento Déco a New Beach Rd da cui all'alba lei faceva le foto della baia e dei grattacieli ed in cui è stata romanticamente pazzamente felice

la *terrace house* di Paddington dove la figlia adolescente con una festona ha semidistrutto il salone e il bambino per quei pochi mesi ha ancora goduto dell'affetto incommensurabile del padre già malato

le case che hanno brevemente abitato a Paddington da Ilona e Armando, a Rose Bay da Joan, a Bronte da Mona e Paul prima della via crucis degli ospedali ed in attesa che gli amici generosi sistemassero alla meno peggio il castello appena comprato

a Canberra

un bellissimo villino anni '50 circondato da un giardino magnifico dove piante di tutti i tipi crescono a dismisura e che è stata una parentesi serena di cinque anni prima di ritornare a Busby dove lei adesso vive e si domanda a volte ancora per quanto.

*

Eccosì la vita scorre

Tra un conto della luce

Dar da mangiare ai gatti

Il sugo con l'aglio soffritto

Il figlio d'accompagnare

La figlia al telefono di fretta

Rossetto sulle labbra ai semafori.

Un periodo di relativa calma scende su Busby e i suoi abitanti.

Lasciata la Catholic University dopo un anno senza alcun rimpianto, la donna si trova bene alla Sydney University dove aveva già lavorato prima di prendere il posto all'Australian National University di Canberra.

Tra colleghe/amiche ritrovate, molte espatriate negli anni '80 come lei non per necessità economiche, tutte laureate in Italia, qualche punto in comune, qualche diversità. Unica ad aver fatto nella madrepatria attività politica a tempo pieno, la donna cerca sempre nel lavoro di riprodurre quella carica ideale, quella visione politica che l'ha formata e che l'ha abituata ad andare al di là dei suoi interessi personali nel tentativo, spesso utopico, di alludere e far alludere ad una società migliore. Così ogni ricerca, ogni presentazione è un pretesto per capire e far capire, per forgiare con gli studenti una possibile Via, per aiutarli a osare e sperare.

Sta anche cercando di creare con un collega un programma radiofonico educativo, per ogni livello scolastico e universitario, così da sostituire il libro di testo con materiali autentici prodotti in parte dagli studenti stessi. Si chiamerà "RadioAttiva". Sente insomma che le energie positive le stanno ritornando e con esse la voglia di sperimentare.

In Australia le interessa sottolineare quello che all'arrivo aveva entusiasmato lei e Giacomo

il multiculturalismo, questo nuovo modello di relazioni tra razze, lingue e culture, al momento unico al mondo e perciò prezioso e futuristico per lei imbottita di slogan europei "No Future",

l'ambientalismo militante dei Verdi australiani che si oppongono alle gigantesche navi militari USA in parata nel porto di Sydney con i loro surf colorati, che hanno impedito la costruzione di una grande diga in Tasmania, che boicottano con molta pubblicità i grandi supermercati ancora senza prodotti bio, che attaccano le multinazionali OGM,

il nuovo rapporto con la popolazione aborigena con cui vengono firmati alcuni trattati e, anche se la strada è lunga, ci sono speranze che si arrivi ad una conciliazione con i primi abitanti d'Australia.

La figlia sta bene con il fidanzato che è figlio di buoni amici di famiglia e si trova a suo agio a Busby con tutti loro, rendendo l'atmosfera piacevole e rilassata. Insieme i due ragazzi hanno deciso di fare un documentario su Roxby Down, la miniera di uranio del South Australia che hanno costeggiato nel loro viaggio nel Simpson Desert.

Sono entrati in contatto con il gruppo aborigeno Carabana, custode di quei luoghi e vogliono passare del tempo con loro. Riusciti a prendere un finanziamento dall'*Australian Film Commission* per le riprese, sono entusiasti. La figlia si è anche finalmente riscritta all'università, *Bachelor of Fine Arts* alla New South Wales University, studia di buona lena e la madre vede che i saggi che deve scrivere e le presentazioni che deve fare la stanno aiutando a maturare. Ne è molto contenta.

Il figlio invece non è per niente interessato agli studi. Gli piace solo il cinema per cui ha un buon occhio, sembra. E poi la passione per il calcio, una passione che lo possiede, in cui eccelle e che lo connette con il nonno, giocatore professionista e il padre, ai suoi tempi 'pulcino' nella Roma, la squadra del suo cuore. Sente che quella è la tradizione di famiglia e che lui deve portarla avanti. La madre è fiera della sua bravura in campo ma ha paura che sarà a scapito dei suoi risultati accademici. È incerta sul da farsi, accettare le tendenze del figlio o cercare di guidarlo verso una posizione più bilanciata, studio-sport? Come al solito pospone.

*

Pomeriggio d'autunno inoltrato, aria di attesa festosa davanti alla porta d'ingresso di Busby.

La donna torna dall'aeroporto con due nipoti adolescenti in visita da Roma. Hanno rispettivamente 15 e 16 anni Ruggero e Alessia, passeranno a Sydney le vacanze scolastiche per imparare bene l'inglese.

Dopo l'incontro con i cugini australiani, le effusioni, la visita organizzata al castello, ai giardini davanti e di dietro, ai garage, alla camera rosa dove s'installeranno, la donna al tramonto li porta al *Pavillon* di Bondi Beach insieme con l'amica di famiglia, il figlioletto entusiasta dei nuovi arrivati, la figlia con il fidanzato e persino due colleghi italiani in visita, per un evento speciale in onore del solstizio invernale. Un assaggio per i due nipoti della vita New Age degli Eastern Suburbs di Sydney, un'esperienza esotica interessante per loro, lei crede. L'evocazione dei quattro Arcangeli ai quattro angoli del Pavillon, evocazione destinata, secondo gli organizzatori entusiasti, a donare energia positiva ai partecipanti nella notte del Solstizio, cerimonia che viene accettata dai frequentatori di Bondi Beach come uno dei tanti avvenimenti culturalfolkloristicireligiosispirituali organizzati al Pavillon, provoca invece scetticismo nel gruppo italiano. I giovanissimi dopo un attimo di stupore trovano l'esperienza quasi comica, il nipote si ritira in un angolo con il cuginetto che lo imita, la nipote con la cugina segue ridacchiando i comandi dei maestri di cerimonia, gli altri non vedono l'ora che finisca. La donna in bilico ormai da tempo tra due lingue e due culture capisce bene gli italiani ma capisce anche gli australiani.

L'Australia è molto diversa dall'Italia, tornando a casa la donna se lo ridice ancora una volta e conclude che si sente grata alla terra d'adozione per averle sbrogliato le idee in fatto di monoculture e religioni uniche.

La religione cattolica l'aveva buttata via insieme con le norme borghesi, i golfini di cachemire e la collana di perle nel secondo anno di Lettere all'Università La Sapienza di Roma quando la politica la entusiasmava e il marxismo era diventato la sua nuova religione. La vita multiculturale in Australia e soprattutto l'impatto con la cultura aborigena, le hanno aperto nuove prospettive di riflessione. Il rapporto di amore e rispetto ecologico dei primi abitanti di questo antichissimo continente per la Terra Madre, i *Songlines*, le Vie dei Canti che la raccontano minuziosamente con i suoi fiumi, i suoi animali, le sue piante, le sue sorgenti di acqua, i canti che perciò permettono di conoscere un posto a menadito senza averlo mai visto, i canti che considerano l'individuo non come separato e conquistatore ma come un tutt'uno con l'ambiente, Terra, Cielo, Universo, le hanno fatto capire che essere un' umana non significa essere al centro del mondo ma parte di esso e pure piccola parte.

La casa si anima con la venuta dei due adolescenti, via di mezzo per età tra i suoi due figli.

La stanza rosa pian piano si riempie di vestiti, pennelli, tele, libri, quaderni. Alessia va a letto tardi e si sveglia tardi, Ruggero tutto al contrario, si incontrano soltanto per i pasti, lei aiuta a cucinare, lui lava i piatti, litigano un po' ma sono molto legati. Le giornate scorrono veloci.

I ragazzi portano dall'Italia una ventata di romanità che la famiglia australe insegue sempre con nostalgia. I confronti tra il qui e il lì sono presenti, le differenze si discutono, si difendono e poi si comprendono.

È un periodo allegro questo a Busby, tutti i giovani, figli nipoti ed amici dei figli e dei nipoti, danno energia nuova alla casa e alla donna che si muove bene nella molteplicità.

Verso la fine del loro soggiorno la figlia decide di andare a Byron Bay per una breve vacanza e porta con sé la cugina Alessia, mentre Ruggero rimane a Sydney con la zia e il cuginetto.

*

Una bella giornata di sole invernale.

Davanti all'entrata di Busby la donna col cuore in gola, il nipote Ruggero, il bimbo in continuo movimento, l'amica di famiglia ritornata per l'occasione. Sono in attesa, sono tutti stravolti. Finalmente la macchina arriva. Escono la figlia e la nipote Alessia di ritorno da Byron Bay, il fidanzato della figlia le è andate a prendere alla fermata degli autobus di linea.

La madre si avvicina alla figlia. È commossa, parla con voce rotta. È uno dei momenti più difficili della sua vita. La figlia si rende conto che qualcosa di molto grave è successa.

Salgono in fretta le scale, appena raggiungono la grande stanza da letto luminosa la figlia vede subito sul comò una bella foto del padre circondata da candele, incenso, e fiori. Tutti le sono intorno, tutti piangono. Capisce. Rossa in faccia singhiozza "Papino...Papino mio....".

La madre l'abbraccia mentre la figlia piange disperata. Raccoglie tutte le sue giovani energie e decide subito di partire per l'Italia, vuole essere presente al funerale del padre. La madre comincia l'organizzazione della partenza. Manca il passaporto della figlia che deve essere rinnovato immediatamente. Si avvisano le famiglie in Italia dell'arrivo imminente. Patricia, l'amica del cuore della madre, arriva dopo poco in aereo da Canberra e si aggrega al gruppo che gira in tassì tra il consolato italiano l'ufficio immigrazione australiano e la banca. La figlia si è chiusa in un silenzio di tomba, il rossore sulle guance nel bel viso a forma di cuore le rimarrà fisso fino a Roma. La madre si dà da fare in maniera frenetica parla e straparla in continuazione. All'ora di pranzo si fermano a Bondi, vanno sulla spiaggia si siedono su delle panchine e mangiano *fish and chips* guardando il mare in silenzio.

Le parole sono superflue.

Partiranno la madre la figlia e il bambino. I nipoti restano a Sydney per finire i loro corsi di inglese e di pittura affidati al fidanzato della figlia e all'amica di famiglia ritornata temporaneamente a stare al castello.

Busby saluta il gruppo in partenza di sera, nottata tragica per chi resta e per chi va.

*

La verandina di vetro è un locale multiuso luogo di passaggio tra il piano terra e il giardino di dietro, di accesso alla lavanderia e ai garage.

Per gli amici poi è luogo molto amato, scelto spesso per le confessioni intime, il tavolino tondo e un po' di sedie sbilenche creano un'atmosfera di apertura rinforzata dall' ampia vista del fuori.

Lì si leggono *I Ching*, si fanno gli oroscopi, si interpretano i numeri, le sentenze della Sibilla Cumana, la verandina è sempre stata il clou delle feste di Busby dove ad un certo punto della serata tutti si riuniscono, si ammucchiano, la porta che porta giù sempre aperta per ogni evenienza. Le conversazioni serali sembrano non finire mai, si sta insieme fino a tardi, gli orizzonti si allargano i sogni si fanno ad occhi semiaperti vista l'ora tarda, le speranze prevalgono, a volte i rimpianti, il vino e le canne facilitano le lacrime e le matte risate ma per gli ultimi rimasti non c'è fretta, c'è sempre ancora molto da dire.

La donna si ritira lì tutte le sere di ritorno da Roma, la figlia rimasta in Italia ad elaborare il lutto, farsi coccolare dalla grande famiglia italiana e occuparsi dei lasciti paterni, il figlio e i due cugini adolescenti al piano di sopra a chiacchierare prima di andare a letto. Lì di sotto per lei c'è il telefono e la cucina per una tazza di tè, lì è un tempo tutto per lei, separato dal suo ruolo di madre di zia di insegnante, la verandina è luogo racchiuso perché piccolo ma aperto all'esterno al giardino e al mare in lontananza, è il posto che più di tutti a Busby le apre il cuore e accoglie la sua emotività. Lì il suo diario si riempie ogni sera di riflessioni, ogni mattina di sogni.

La tragica prematura morte del suo primo marito ha lasciato un solco nel suo profondo. Ripensa alla loro vita in comune, molti anni ormai trascorsi, alla nascita della figlia, all'amore trasformato poi in amicizia, all'ultimo viaggio insieme a Bali, la figlia felice di passare del tempo con il padre, il piccolo molto preso da quell'uomo gentile con i bambini e appassionato di calcio come lui. Si sente in colpa per non averlo potuto amare come lui forse avrebbe voluto, per avergli poi preferito un altro, per non averlo spinto caldamente appena pochi mesi prima della sua morte a rimanere in Australia dove era in visita e dove aveva la figlia che avrebbe potuto dargli una ragione di vita. Sa che sentirsi in colpa è parte del lutto.

Si preoccupa per la figlia adesso, è un colpo duro per una ragazza così giovane, si augura che la sua forte fibra l' aiuti a superare bene questa difficile prova.

Cercherà di aiutarla in tutti i modi.

*

Cena estiva nel giardino di dietro, musica dal vivo.

Dopo alcuni mesi passati in Italia con la grande famiglia amorevole e accogliente, la figlia ritorna a Sydney per finire l'università e per riconnettersi con il fidanzato.

L'atmosfera è calda, tutti le sono intorno, tutti cercano di farle capire quanto le siano vicini e quanto la morte di suo padre sia stato un dispiacere collettivo.

La musica aiuta a sciogliere i cuori, il cibo ottimo, le conversazioni all'inizio superficiali pian piano che la notte si avvicina, sempre più intime.

La figlia racconta della famiglia a Roma, degli incubi burocratici italiani a cui non era preparata, giorni interi di file senza fine accompagnata dallo zio Caronte nei meandri di uffici kafkiani per ottenere la pensione del padre, racconta anche della pratica intensificata di yoga e di meditazione, si capisce che l'aiutano entrambi a digerire la grande perdita. Ha un nuovo spessore, le si legge sul viso, l'esperienza della morte del padre a cui da piccola era molto legata, l'ha colpita nel profondo, è la sua unica erede materiale e anche spirituale, un peso difficile da portare per una ragazza che è sempre stata abbastanza riservata e che ora si trova in prima linea a dover rispondere, a dover parlare, da protagonista. Il fidanzato non la lascia un momento, il fratello le gira intorno come un cucciolo, non sa bene cosa dire, è contento del suo ritorno.

La madre si muove in continuazione, porta piatti caldi dalla cucina, riporta indietro quelli sporchi, ascolta le conversazioni e interviene brevemente passando da un tavolo all'altro, ha paura dei momenti di silenzio, spera che la figlia si trovi bene di nuovo a Sydney, che ce la faccia a finire l'università, che il fidanzato l'aiuti a tirarsi su.

La serata finisce presto, il viaggio dall'Italia sempre stancante, le emozioni sono tante, gli amici propongono nuovi incontri nei giorni seguenti e si ritirano discretamente.

*

La donna trova difficile penetrare il muro di dolore inevitabile che la figlia innalza attorno a sé dopo il suo ritorno dall'Italia e dentro cui lei immagina ci sia il rimprovero nei suoi confronti per la separazione dal padre in giovane età. Si sente sempre molto inadeguata e goffa nei suoi continui e falliti tentativi di aprire un varco di comunicazione. Un po' come un'oca giuliva parla molto, propone, progetta, avvertendo il silenzio carico di significato della figlia. Spera sempre in un possibile riavvicinamento e si dispera da sola quando sente che sarà difficile. Non sa bene cosa fare, è impreparata, una madre che purtroppo non è all'altezza della situazione.

Contenta che il fidanzato viva a Busby, spera che la figlia si confidi con lui quando si tappano per ore nella grande camera al piano di sopra.

In un foglietto volante abbandonato nel bellissimo *La nascita della filosofia* di Giogio Colli molto amato da Giacomo e che ha appena ricominciato a leggere, scarabocchia una mattina all'alba:

"E così lei ora ha due mariti morti".

Questa frase la riempie di sgomento. Le sembra di avere qualcosa a che fare con queste due morti, quasi di esserne in qualche modo responsabile.

È come se pronunciandola, la frase decretasse la sua colpevolezza.

C'è qualcosa in me che li ha fatti morire. Oppure li ho fatti morire io.

Non ne bastava uno, adesso anche un altro.

Questa aggiunta 'un altro' la riempie di brividi.

A volte invece si sente la vittima di un ordito crudele, di un universale complotto teso a colpirla. Perché proprio lei?

Si guarda intorno, parenti amici conoscenti, e non trova nessuno con questa doppia tragedia alle spalle. Ci saranno certo al mondo storie anche peggiori della sua, lei lo sa, ma in questo momento si sente l'unica e la sola.

Una mattina all'alba insonne e frastornata come non mai va a Bronte Park. In un sentiero invaso da violette selvatiche si mette a osservare accovacciata una fila di formiche operose. Il pensiero che, se non si fosse fermata, ne avrebbe sicuramente calpestata una parte a caso, la colpisce.

Si sente 'una parte a caso'.

L'immagine del caos cosmico l'aiuta ad accettare l'accaduto doloroso.

Passa un po' di tempo e su un altro foglietto segnalibro annota:

"Due giorni fa, una seduta con Kitty che mi ha letto l'aura.

Mi ha detto una cosa assolutamente inaspettata e che mi ha lasciata di sasso: nonostante tutto, mi vede più aperta e più libera, per la prima volta dopo tanto tempo. Al ritorno, passando per Chesterfield Parade ombrosa nella calura estiva, mi sono resa conto che intendeva aperta e libera nei confronti di una possibile relazione sentimentale. Ho toccato il fondo. Forse c'è la risalita?

Questo mi sembra un nodo centrale della mia storia a Busby. La nebbia comincia a diradarsi."

*

Abita ancora nella camera al piano terra quando incontra Warren per la prima volta.

Va a una festa di singles, mai andata prima lei, ma è a Bondi da Enea, un amico troppo simpatico così si decide. Il suo giaccone di pelle nera d'aviatore americano comprato da Michele lo stracciarolo a Roma dietro piazza Navona tanti anni prima è rassicurante, *cool* e caldo allo stesso tempo. È l'inizio della primavera a Sydney, come al solito imprevedibile.

Warren che lei non conosceva, a un certo punto è entrato nel soggiorno dove si balla e lei l'ha notato subito per quella sua sorta di aura blu stupefacente e magnetica che l'ha incuriosita e che l'ha spinta a chiedergli chi è e da dove viene.

Scopre durante la conversazione che è di Londra, famiglia aristocratica, laurea in storia a Cambridge. Arrivato il giorno prima dal deserto nord ovest del New South Wales dove è stato da solo per 6 mesi a cercare gli opali, ne ha trovati parecchi e ora si ripromette di venderli per pagarsi il viaggio prima in India e poi in Inghilterra. La donna che della solitudine aveva sempre avuto paura e solo recentemente ha cominciato a farci i conti, rimane colpita ed ammirata da questo personaggio così fuori dagli schemi. Lo accompagna a casa, sta a Bondi con degli amici, promettono di rivedersi. Ma non succede per vari mesi.

A casa di Paula, sempre a Bondi, si incontrano di nuovo a una festa di quasi estate.

Festa oceanica, grande casa, grande giardino, gente di tutti i tipi. Proprio tutti. Anche Warren. Che questa volta dopo una intensa conversazione sui massimi sistemi, le chiede di vedersi il giorno dopo nel pomeriggio tardi a Bondi Beach.

Lunga passeggiata sulla spiaggia il giorno dopo, conversazione che si espande, attraversa confini, ritorna indietro, si sofferma, riparte. Come il vento che spira al momento e che muove le onde. La donna è contenta.

Warren la riaccompagna a casa. Sulla scogliera si sdraiano su di un prato nascosti da una roccia arenaria. È luna piena. Si baciano.

Il giorno dopo si rivedono a Busby. La casa è deserta, il figlio da un amichetto la figlia fuori col fidanzato. È un segno del destino.

La stanza di sotto, la sua bella stanza ha qualcosa di magico la sera illuminata dalla luna, i contorni merlettati delle tre finestre si riflettono sul letto dove loro fanno l'amore.

Così comincia la loro relazione a termine perché Warren deve partire dopo pochi mesi, lei lo sa che non c'è futuro per loro, ma questo in un certo senso la rassicura. Sente che questa con Warren è una storia di passaggio, un attraversamento della solitudine dagli anni del lutto agli anni della sua ricostruzione interiore. È costretta così a vivere nel presente, senza illusioni, soprattutto senza aspettative, senza film sul "e vissero insieme felici e contenti per tutta la vita". Quello era ciò che aveva sognato adolescente, mutuato in famiglia dalla bella storia d'amore di sua madre e di suo padre, ciò che aveva poi sperato per le sue relazioni lunghe, per i suoi due matrimoni e che adesso, proprio adesso, le sembra un sogno infranto da non ripetere.

*

Giugno, sera tardi, festa dei Gemelli.

Dopo tre anni di permanenza a Sydney la donna decide di organizzare una grande festa dei Gemelli, suo segno zodiacale.

Le feste di compleanno sono avvenimenti ricorrenti a Busby, come lo erano state nella casa di famiglia a Roma. Il lungo tavolo di noce della sala da pranzo dei suoi genitori è nel ricordo sempre affollato. Parenti, amici vari, colleghi del padre, nuovi conoscenti, questuanti disagiati si alternavano entusiasti attorno alla tavola. Si mangiava, si commentava il cibo, si discuteva di politica, di religione, si litigava, si faceva pace sempre a tavola, sempre tutti contenti di stare insieme. Quando poi si celebrava una festa e si celebrava spesso, il tavolo veniva messo di lato contro il muro e tutt'intorno un gran daffare degli ospiti a guardare scegliere e gustare le delizie preparate proprio per loro. Le feste erano un'occasione per mamma Maria di sperimentare la sua vena creativa culinaria e le pietanze, quelle tradizionali e quelle nuove, venivano sempre preparate con entusiasmo.

Per questo la donna si rilassa invece di stressarsi quando ne organizza una di festa. È un modo per continuare la tradizione di famiglia.

A Canberra nella bella casa di Hovea St. aveva ricominciato poco a poco a invitare prima solo alcuni colleghi poi anche amici dei colleghi studenti ed ex studenti. Le piaceva quella casa immersa nel verde, grandi finestroni d' angolo nel soggiorno-camera da pranzo, di fuori pini romani sulla sinistra, di fronte palme tropicali mescolate a rododendri giganti che le ricordavano le Dolomiti, anche se lassù quei fiori erano minuscoli.

A Sydney conosce più gente e così, poco dopo il suo ritorno da Canberra, ogni scusa è buona per ricominciare a festeggiare. Ci sono feste di compleanno degli abitanti del castello, degli ex abitanti che non avevano una grande casa per fare una grande festa, feste per celebrare degli avvenimenti importanti, l'arrivo e la partenza di un ospite, la laurea, il nuovo lavoro, la partenza per un viaggio o il ritorno, feste individuali e feste di gruppo. Le feste migliori però, quelle che vengono citate in giro come feste da ricordare collettivamente, sono le feste a tema.

Ideate e organizzate dall'amica di famiglia e dalla figlia quando vivevano insieme a Busby mentre lei era a Canberra, queste in maggioranza seguivano i segni astrologici. La verandina, facile da decorare con oggetti comprati al *Recycled Garbage* di Marrickville, rappresentava visivamente il tema della festa.

Con la Dolce Vita, la prima, il castello si era trasformato in un set di Fellini, ogni stanza una scena, persino la lavanderia arredata, la donna in fuga da Canberra era arrivata tardi con un vestito blu argento di lana a tubino stile anni '60 e grandi occhiali neri, si sentiva un po' Anouk Aimée.

Per la festa dei Pesci la verandina azzurrata, soffitto incluso, sembrava un acquario con onde e animali marini alle pareti, vestiti e cibo in sintonia. Visto il successo s'era continuato con quella del Toro colore rosso focoso, molto cibo con sugo di pomodoro, barbabietole e carne al sangue.

Ora è toccato a lei organizzare la festa dei Gemelli.

Tanto per complicarsi le cose, oltre al tema zodiacale, in linea con la duplicità tipica del suo segno, ha deciso di aggiungere anche quello della poesia, sua grande passione. Chi tra gli ospiti si sente in vena sale sulla cassapanca in cucina e recita una poesia sua o del suo poeta favorito. Moltissimi si cimentano, poeti dichiarati e molto bravi, poeti improvvisati, poeti che recitano in italiano, in inglese, in arabo, in greco, anche cantanti con le loro poesie in musica. E per finire nell'alcova senza finestra la donna mette un proiettore con tutte le sue diapositive più astratte, più poetiche che ruotano senza sosta e s'infrangono sui ballerini.

La donna é soddisfatta, la serata é andata bene anche se la malinconia l'ha accompagnata a più riprese durante tutta la giornata e l'assale ora di nuovo mentre saluta gli ultimi ospiti e spegne le luci con l'alba che si avanza. Sa che il giorno dopo dovrà accompagnare Warren all'aeroporto. Parte per l'India e poi di seguito per l'Inghilterra. La loro storia è finita e questa festa è il loro addio. Un addio previsto, un addio che alla fine lei scopre difficile.

*

Decidersi di andare a stare nella stanza da letto grande è una conquista importante per la donna e lo fa solo perché la figlia e il fidanzato decidono di uscire dalla casa materna e di andare a vivere in un appartamentino a Bronte Beach. Adesso ogni allontanamento, ogni partenza viene da lei vissuta come un abbandono. Prima non era così. Prima dell'annus horribilis era lei che voleva partire, si voleva sempre allontanare. Vedeva la vita come un'avventura, il cambiamento un mezzo per frenare la sua irrequietezza interiore. Ma la figlia e il fidanzato hanno bisogno della loro indipendenza, devono cercare di riconnettersi dopo la separazione, dopo la morte del padre di lei, la donna lo capisce anche se un po' si dispiace.

La stanza grande molto luminosa è esposta a nord, cosicché la mattina dalle finestre entra una luce calda e abbagliante oltre i vetri e le tende leggere turchesi damascate, le vespe sul limitare tra il dentro e il fuori volteggiano in libertà. Le piace poltrire nel letto di fronte alle finestre quando può, raramente cioè, ma le piace assai.

Il letto adesso è quello che si era portata da Roma, fatto da due artigiani vecchio stile di via Giulia.

Veramente il letto era un divano a una piazza e mezza con due sponde rialzate a ricciolo grande, lei gliene aveva fatta togliere una appena tornata da Canberra da un giovane tappezziere italo-australiano bravissimo. Giacomo aveva sempre criticato quel letto giudicato troppo corto per lui così lei, troppo tardi ormai! l'aveva liberato della seconda sponda, finalmente era diventato più aperto, più spazioso. A sinistra appena entrati nella stanza c'è il comò di nonna Vittoria, un mobile Impero francese fine '700 restaurato a Roma prima della grande partenza per l'Australia da amici di un architetto conosciuto in Algeria nei due anni che Giacomo aveva lavorato lì per l'Alitalia e la donna andava e veniva da Roma a volte con la bimba a volte da sola. Gli amici dell'architetto avevano fatto un buon lavoro di restauro del comò, avevano però chiesto un sacco di soldi.

Ma loro, soprattutto la donna, a quel punto non badavano a spese, avevano abbastanza soldi per via del lavoro di lui e dell'appartamentino di lei a Trastevere che avrebbero affittato a un buon prezzo. Così invece di fare una storia e contestare la cifra esosa, avevano incassato il colpo e pagato. Si sentivano fortunati rispetto a tanti altri della loro generazione, erano in partenza, li aspettava una grande avventura e potevano essere generosi, potevano sperperare.

Tra le due finestre nella parete di fronte alla porta c'è il tavolino inglese George V, che a viale Pinturicchio stava nell'ingresso con due candelabri, più che altro per bellezza e che qui invece le serve come scrittoio. È di legno di ciliegio intarsiato di ebano e originariamente era una sorta di carrello senza ruote da mettere in mezzo al salone perché lavorato da tutti e due i lati lunghi, quelli corti hanno due alette che si alzano quando necessario.

A destra oltre il letto che sta nella stessa parete della porta c'è un armadio a giorno, fatto in fretta e furia prima che Giacomo arrivasse dall'ospedale di Mona Vale quando tutti gli amici si davano da fare per rendere la casa che appena comprata sembrava una dimora abbandonata da secoli, abitabile per il malato grave. L'armadio avrebbe dovuto avere delle porte perchè molto grande e tutti gli abiti, gli oggetti e i libri ivi incastonati creavano una bella confusione, soprattutto nella mente già spesso confusa della donna. All'epoca non aveva più soldi così l'aveva dovuto lasciare senza porte. Adesso l'armadio è sempre nelle stesse condizioni ma la donna ha creato una sorta di ordine tra le cose esposte lì in bella vista, forse un ordine immaginario, comunque sente di avere più controllo ora sulle cose che la circondano e questo la fa sentire meglio.

La camera dalle pareti rosa era angusta quando lei ci abitava, ma aveva un'ampia vista del fuori, la vista non si soffermava sul dentro, il dentro sconquassato creava nell'insieme un'atmosfera romantica un po' *bohemienne*, con il soffitto spiovente che spesso faceva acqua e le finestrine sbilenche con i vetri opachi per l'età, non c'era nulla di particolare dentro su cui soffermare lo sguardo, niente che valesse la pena. Il fuori però era magnifico, il cielo, il mare, le due baie con i loro profili riscattavano il dentro.

La grande stanza da letto invece è bella proprio dentro. Dentro le mura tanto per cominciare, la pietra dà una profondità speciale allo spazio, l'aria è un'aria antica, quella che lei respirava nelle chiese di Roma quando ci andava da piccola, poi adolescente e poi non più. Peccato.

Adesso quelle chiese, quell'odore li rimpiange. E li ritrova soltanto nel bush in angoli segreti forse mai visitati per secola secolorum, c'è lo stesso odore lì, lo stesso senso del sacro, del ritorno all'origine che tanto l'affascina e la cattura.

In questa stanza da letto grande le sembra di essere al timone di Busby.

Da qui può dirigere tutte le operazioni che avvengono sopra e sotto. Le finestre controllano il giardino davanti, così anche chi arriva a piedi in bici o in auto e il bambino ormai quasi adolescente che gioca a pallone per strada con Sean, l'amichetto biondissimo che abita all'angolo. La porta della stanza poi dà su un ingressetto e da lì sulle scale. Quando è aperta, le voci dalle altre stanze da letto e giù dal soggiorno e dalla cucina rimbombano, lei può sentire tutto con la porta aperta. I figli, gli amici, i gatti, gli ospiti passeggeri e semi permanenti, anche gli amici che arrivano in cerca di conforto, che portano novità, portano dolcetti per il caffè, Busby è una nave che raccoglie naufraghi di ogni provenienza e lei ne sta al timone. Almeno così si sente al momento.

*

C'è solo un neo adesso, nel suo presente.

Lavora all'Università di Sydney con contratti annuali, posizione precaria che, per la prima volta nella sua vita, la preoccupa. Si sente esposta, nuda, dall'altra parte del mondo dove potrebbe vivere sicuramente in condizioni più agiate, per lo meno protetta dall'affetto dei familiari e dalla ancora grande cerchia di amici e di conoscenti.

Cerca di capire i passaggi che per forza di cose l'hanno vista nel corso del tempo

espatriata di lusso prima con Giacomo e l'Alitalia in Kenya, negli USA, in Algeria, poi in Australia, uno dei tanti posti in cui pensavano di sostare solo per qualche anno,

accademica poi a Canberra, membro permanente di una grande università di ricerca internazionale, protetta quindi prima e dopo da due grandi istituzioni, due bellissime case in entrambe le fasi, soldi, prestigio,

infine eccola ora, una donna sola con due figli, pochi soldi, parecchi debiti, contratti a termine, il vecchio maniero in rovina.

Con il ritorno a Sydney il suo orizzonte non è più luminosamente internazionale.

Ha perso status, è scesa dalla scalea illuminata. I soldi e la sicurezza economica non sono mai stati una priorità per lei, ma adesso sono una necessità.

Si guarda intorno, sente le storie dei vecchi emigrati, frequenta i nuovi, ascolta i discorsi dei suoi studenti, spesso di origine italo-australiana, parla soprattutto con le donne, prima e seconda emigrazione e si rende conto, lo sapeva da sempre ma adesso se lo sente nella pelle, che emigrare è assai diverso da espatriare. Si sente spaesata. I punti di riferimento passati non funzionano più in questa terra Down Under, quelli nuovi sono ancora molto instabili. Sensazione di sabbie mobili.

Lo stato di agitazione emotiva continua finché non le viene un'idea che le sembra potrà aiutarla.

Ha incontrato due donne notevoli con cui decide di esplorare con curiosità e senza pregiudizi come le storie delle donne italiane che sono arrivate in Australia da tempo e quelle che sono arrivate da poco si relazionino tra loro e con temi importanti quali l'identità in una nuova terra, la seconda lingua, l'arte, l'ecologia, la cultura, la spiritualità, la salute, la politica, il potere femminile in Italia e in Australia.

Organizzeranno una conferenza sull'argomento, una conferenza per capire e per capirsi, una conferenza che alla fine si intitolerà "La donna italo-australiana: mappa di un'identità". Ci saranno 12 *workshops* in due giorni alla fine dei quali si faranno dei rapporti scritti da diffondere nella comunità italiana, SBS Radio manderà in onda dal vivo interviste fatte durante la conferenza, in un angolino oscuro una telecamera potrà accogliere le donne che vogliono raccontare la loro storia 'in segreto'.

La conferenza sarà, ne è sicura almeno per lei, un'esperienza profonda anche per le curatrici. Lei italiana purosangue, Vanessa italo-australiana di seconda generazione, Joan inglese australiana sposata con un italiano. Sul tavolino di nonna Vittoria si accumulano pagine e pagine del progetto che piano piano prende forma.

(VOCI FUORICAMPO)

... che le donne della prima generazione se l'erano vista brutta, assai brutta all'arrivo perché non avevano preso loro la decisione di venire in Australia ma avevano dovuto seguire il marito, l'avevano sposato per procura, erano state a lungo vedove bianche, mogli sole con figli a carico, fidanzate in attesa, che lo rimpiangevano il paesello, il dialetto, i rapporti con le altre donne di famiglia, le vicine di casa con cui scambiavano i commenti sulla vita di tutti giorni, che adesso si sentivano sole in una terra lontanissima e arida tanto diversa dalla loro ad occuparsi di casa e figli e anche dell'orto unico e solo con i colori e i profumi del paese d'origine, con i mariti sempre preoccupati a lavorare a più non posso e poche parole per le mogli e per i figli quando tornavano la sera stanchi morti dalla fabbrica, che a Sydney dopo qualche anno avevano una casa più comoda e più grande, a Leichhardt, a Five Dock, o a Haberfield, ma con tutte quelle *fenze* di qua e di là, la lingua che non capivano, le abitudini strane, soprattutto il cibo così differente, si sentivano sole e sperdute nel nuovo continente che non riuscivano ad amare e c'era voluto tanto tempo prima di fare un po' di amicizie e solo con gente del proprio paese, della propria regione, gente che parlava il loro dialetto e che gli ricordava un poco la vita che facevano là in quel posto di cui avevano tanta nostalgia...

... che invece le donne che erano immigrate recentemente avevano scelto proprio loro di venire in Australia, una terra vergine tutta da scoprire, da sole o accompagnate, per studio per lavoro o avventura, perché volevano un cambiamento nella loro vita e l'avevano presa come una bella vacanza, poi si erano fidanzate o si erano lasciate, avevano trovato un buon lavoro, avevano cambiato lavoro rispetto a quello che facevano in Italia, avevano viaggiato in lungo e largo nel continente, avevano studiato o intrapreso nuovi studi, che si erano sentite a casa loro in questo posto nuovo, si erano sentite libere dalle pastoie di una vita femminile ristretta, da una religione che anche se non più praticata pesava però sulla società e opprimeva le donne, che erano interessate a scoprire nuovi ed esotici interessi spirituali, che trovavano la condizione femminile più liberata in Australia dove le donne avevano iniziato a votare agli inizi del 1900 e questo si sentiva, si sentiva proprio e dava fiducia e speranza in una vita migliore...

*

C'era stato molto entusiasmo per la conferenza.

Le sue studentesse di Sydney University le avevano dato una mano, amiche esperte e generosissime avevano guidato i workshops, la figlia e una sua amica quello sul rapporto tra terra di emigrazione e terra d'origine, il fidanzato della figlia aveva curato l'allestimento del locale con gigantografie in bianco e nero di donne italiane, una pianista aveva suonato durante il pranzo preparato da donne italiane della prima generazione a base di fettuccine, gnocchi, cavatelli fatti a mano *on the spot*.

Nella sua stanza da letto da cui questo progetto è partito, le sembra adesso che il suo orizzonte si allarghi di nuovo, finalmente, che la sua vita sia aperta a nuove possibilità, non solo irretita nel passato. C'è più chiarezza.

Una Vita Nova di nuovo per lei.

Così non le appare strano quando, da poco finita la storia con Warren, sul bus per Canberra all'imbrunire in visita ai suoi amici dell'Australian National University, fa un incontro fulminante.

Albert è un giovane fotografo della catena dei giornali di Murdoch. Lei gli dice subito che non li legge "manco morta" quei giornali, lui sorride e acconsente. Sono seduti vicini, il figlio è al finestrino che già dorme. Quando lei si alza per andare al bagno, inciampa nella gamba di lui e sente una corrente che la percorre da capo a piedi. Si raccontano le loro vite in tre ore di viaggio. Lui è un bravo fotografo si capisce, è molto curioso e sa fare le domande essenziali, anche quella ultima determinante dell'età. Hanno 15 anni di differenza, lei pensa subito "nun se po' fa". Lui le chiede il numero di telefono, lei glielo dà ma aggiunge sì certo solo per un caffè.

A Canberra si salutano un po' emozionati.

Lui sta per andare un mese nel bush sotto la neve senza tenda. Ha viaggiato molto, una ex moglie francese, ha fatto il modello a Parigi e poi il Brasile, in zattera sul Rio delle Amazzoni, parla il portoghese. Adesso in lite irriconciliabile con la sua ultima ex incinta, una cantante jazz che se la vuole gestire da sola la sua gravidanza, lui non c'entra. Traumatizzato all' idea di diventare padre senza volerlo e senza poter decidere nulla, pensa che un bagno forte di natura l'aiuterà a capire e ad accettare.

Di ritorno a Sydney, lei non ci pensa più. È stato un momento in autobus, un bell'incontro, tutto qui.

Un giorno sua figlia le dice che un certo Albert (Albert chi?) ha lasciato il suo numero, lei si ricorda e lo richiama, sempre con l'idea del caffè.

Si vedono. A Bronte Park. Lui in bici, un professionista delle due ruote, lei adesso con i capelli corti. Lui vuole rivederla, lei cincischia.

Le ritelefona qualche giorno dopo all'università e le dice che le ha comprato un libro e vuole darglielo. Questo la commuove. I libri sono la sua passione, la sua debolezza, i suoi grandi amici sin dall'infanzia, rappresentano la creatività, i sogni, l'evasione, la sua ninna nanna prima di addormentarsi la sera.

Accetta di andarlo a trovare a casa sua, in quel di Erskineville.

Vanno a mangiare da un indiano lì vicino, lei non tocca quasi cibo ma parla moltissimo. Ancora confusa agitata quando tornano a casa di lui, un bel *Federation terrace* a due piani che Albert condivide con due amici. La abbraccia. Lei si sente attratta ma non vuole cominciare una relazione impossibile. Lui le suggerisce un bagno insieme nella sua vasca antica con le zampe di leone. Ha un modo di fare Albert che la smonta, sente la sua forte energia, lei capisce che la vuole e che l'avrà. È un Sagittario di fuoco e di determinazione ed un fantastico amante, lei se ne accorge subito.

Comicia così la loro storia. S' incontrano a Erskineville quando lei è libera dai suoi impegni materni, a Busby quando non lo è.

È una passione. Non c'è altro modo di spiegare il sentimento che li lega da quando si sono incontrati sul bus per Canberra. Lei si sente desiderata in maniera totale anima e corpo. Finalmente dopo tanto tempo. E allo stesso tempo, lo desidera anima e corpo con un' intensità che pensava sepolta con Giacomo. Da sempre lei ha percepito la sua relazione con un uomo come il veicolo della sua espressione più profonda che a volte in superficie rimane bloccata. Leggono insieme

D.H. Lawrence e *Lady Chatterley* è il loro libro preferito.

Per il resto non potrebbero essere più diversi. Età, lingua, cultura, temperamento, modo di vivere, eppure le differenze acuiscono l'interesse ed il rispetto. Le piace tutto di lui soprattutto il suo senso dell'umorismo.

È di origine scozzese e rispecchia lo stereotipo del risparmiatore, in altri tempi lei l'avrebbe detto tirchio ma con lui prova tenerezza per questa sua attenzione al risparmio di soldi, di energia, di cibo. L'ecologia entra nella sua visione politica e a lei questo piace molto. Albert ha un pezzo di terra vicino a Jarvis Bay, al sud nel bush vicinissimo al mare. Ci vanno in tenda, dopo qualche giorno in mezzo ai serpenti a piedi nudi, lei non ha più paura. Un giorno si perdono in una radura di alberi secolari, intorno silenzio totale. Lei sente che è un posto magico, nessuno c'è mai passato prima, le piace immaginare. Si siedono abbracciati senza parole, solo gli occhi per guardare, il cuore per sentire.

All'improvviso un uccello lira comincia a cantare. È il Paradiso Terrestre, pensa la donna.

*

Busby in questo periodo non è più il centro focale della sua vita. Ci vive certo e fa tutto quello che deve fare, spesa, pranzi, cene, soprattutto per il figlio che ormai è partito con il suo amore per il calcio, non vede e non sente nient'altro, vuole diventare un campione e si allena ossessivamente.

Lei è preoccupata per la scuola che non lo interessa, a volte fanno terribili litigate, lei si accorge di perdere il controllo e di non saper tenere in pugno la situazione.

Alterna momenti di grande tenerezza per il figlio, a momenti in cui maledice il calcio e vorrebbe porgli dei paletti, ma non c'è niente da fare, non ci riesce, vince sempre lui. Il suo desiderio è più grande più potente del desiderio della madre di farlo studiare. D'altronde lei li vede all'università gli studenti che arrivano, alcuni con voti altissimi dagli esami di maturità e non combinano niente, altri invece che non hanno combinato niente prima, adesso sono pronti per concentrarsi e laurearsi in fretta. Così non sa mai qual'è la strada giusta da indicare al figlio. E forse dovrebbe solo lasciarlo fare di testa sua.

Albert viene di tanto in tanto a Busby, il castello gli piace moltissimo, lei gli prepara sempre dei piatti speciali, il figlio gli gira intorno e l'osserva di sottecchi mentre gioca a pallone con il suo amico Sean.

La figlia è contenta che la madre sia contenta, adesso abita a Bronte Beach con il fidanzato ma si informa sempre dello stato della relazione amorosa di sua madre che si barcamena tra università, Busby, Erskineville, conferenza sulla donna italo-australiana, yoga tre volte a settimana, un po' di lezioni private, un po' di vita sociale.

Busby è adesso il luogo del dovere, Erskineville il luogo del piacere.

*

Notte fonda, tavolo da pranzo, soggiorno dissestato.

La madre, la figlia e il fidanzato della figlia sono in febbrile consultazione. Scrivono manifesti che appenderanno in giro per il castello, il giorno dopo ci sarà una grande festa per il prossimo inizio dei lavori di ristrutturazione di Busby.

I soldi dell'eredità familiare sono finalmente arrivati e la donna ha deciso, con molte esitazioni ma ha deciso, di riprendere il progetto fatto dopo l'acquisto del castello e poi giocoforza abbandonato.

In un certo senso si sente adesso molto australiana, decidere di spendere i soldi ereditati e fare anche un mutuo consistente avendo soltanto un lavoro precario è qualcosa che probabilmente non avrebbe mai fatto in Italia.

Ma qui in questa terra attraversata per secoli con passo leggero dagli Aborigeni e dove i bianchi sono stati abituati ad alzare le tende in ogni momento, la donna ha più coraggio e riesce a osare.

Hanno deciso, la madre, la figlia e il fidanzato, per divertirsi, di riscrivere per uso e consumo degli invitati la storia di Busby tra realtà e immaginazione.

Si chiamerà *La leggenda di Busby* e sarà la fiaba di un maniero antico in cui la famiglia era arrivata 10 anni prima trascinando grandi pesi sulle spalle.

Si stupiscono i tre ideatori nel ricordare ed elencare il tanto che è successo lì tra quelle mura

il lutto svernato lentamente

l'apertura a tappe verso l'esterno

un piatto di pasta per le visite di consolo

arrivi sempre più numerosi di parenti-amici-conoscenti pernottanti una notte almeno sul famoso divano verde di fronte alla tv o in qualche stanza da letto per qualche giorno, una settimana, un mese.

Busby è descritto come un centro di accoglienza comunitario no profit dove un tè bancha, lezioni di yoga, di calcio, un massaggio *shiatzu*, una chiacchierata senza fine vengono elargiti dagli abitanti generosi.

Agli invitati sarà richiesto di partecipare, di aggiungere, modificare la ricostruzione storica con commenti personali, ricordi scritti o raccontati in video durante la festa.

In fretta e furia il fidanzato detta, la figlia propone modifiche e scrive. Cartelli con disegni e immagini colorate si accatastano sul pavimento. Molte, molte risate. Sarà una festa memorabile, si spera.

La donna è soddisfatta. Immagina un futuro migliore. Immagina che i lavori prossimi possano spazzare via per sempre quel residuo di tristezza, di nostalgia e di sofferenza che ha ondeggiato lì per loro per molto tempo. Spera che l'abbattimento dei muri, l'innalzamento di ben 10 finestre diano nuova luce, nuova aria agli ambienti e attraggano e riflettano sempre più energie positive. Fanno alla fine a lavoro compiuto un sorridente cin cin. Si apre una nuova era per Busby.

*

Sera del dopo party.

Nell'alcova senza finestra tv accesa, corpi accumulati sul divano, sui cuscini, per terra. Avanzi del cibo leggendario offerto la sera prima sono a disposizione in cucina dove il caos regna sovrano, ancora non si è messo a posto niente, tutti sono stanchissimi, domani si faranno le pulizie. Sullo schermo scorrono le interviste fatte dal fidanzato della figlia, ora provetto documentarista. Mezzi busti degli invitati ripresi ora in piedi ora seduti, facce a volte in primo piano, musica e chiasso di sottofondo rimandano l'atmosfera allegra della festa, un po' di commozione si percepisce nell'aria. Un'era è finita. Busby sarà sottoposto ad un'operazione chirurgica multipla, il cambiamento come spesso avviene genera entusiasmo ma anche nostalgia, anche un po' di ansietà. Tutti sono contenti della festa, tutti hanno da raccontare una loro storia personale avvenuta a Busby, tutti si augurano che con le ristrutturazioni non si disperda quell'energia collettiva da tutti tanto amata. La donna si guarda parlare, sorridere e ridere dentro lo schermo. Il vestito da sera lungo e stretto blu operato di Dotti mette in risalto le forme del corpo magro, le mani, le braccia si agitano nell'aria e fanno risuonare i braccialetti di alluminio ricordo di Lamu e del viaggio bellissimo in barca a vela che lei e Giacomo avevano fatto alla fine dell'anno passato in Kenya a immergersi nell'esotico, il Milimani Hotel di Nairobi dove hanno vissuto per un anno, Mombasa e le zanzariere, i safari nei parchi nazionali, i sogni scritti ogni mattina all'alba, gli europei come marionette pallide di sole teste, i corpi vibranti dei neri. In primo piano la donna sembra leggera, molto giovane. O forse le canne le danno quell'aria. Dice alcune battute spiritose su se stessa, su Busby, sulla vita lì con i figli, sulle tragedie che l'hanno travolta nel passato come se non l'avessero segnata. Si capisce che è contenta del successo della festa e dell'affetto dei tanti amici presenti. Manca un po' di spessore. I suoi figli intervistati sembrano entrambi più seri, più profondi e consapevoli della storia pesante che hanno alle spalle. Non criticano la madre. Forse l'accettano così com'è. La sua cara amica Nica le dice sempre che lei è come una canna al vento.

IL GIORNO DELL'INIZIO

La porta d'entrata si spalanca e lascia passare il costruttore e due operai greci purosangue. La ristrutturazione di Busby dopo 10 lunghi anni, dopo il tanto che è successo lì ai suoi abitanti, finalmente comincia. Si aspetta Amit, l'architetto che ama Glenn Murcutt e le sue *open verandas*, la donna si trova in perfetta sintonia con le sue idee architettoniche. È una sfida e un piacere scoprire tutto quello che si può osare di bello a Busby, il padre ingegnere avrebbe voluto che lei studiasse architettura, lei invece aveva scelto Lettere e però, anni dopo, di ritorno a Roma da New York, si era messa a fare fotografia urbana, fotografia di interni, mostre fotografiche per architetti, il suggerimento del padre le risuonava dentro. Si butta nel progetto ristrutturazione con grande entusiasmo.

"Un battistero", così Amit aveva subito definito il castello, quando lei e Giacomo anni or sono gli avevano proposto di ristrutturarlo, poco prima della malattia.

Aveva fatto un progetto ambizioso Amit e lei se n'era subito innamorata, loro non badavano a spese in quel periodo e avrebbero voluto portarlo a termine al più presto. Invece si era ritrovata dopo la morte di Giacomo a dover far foto alle case firmate da Amit per ripagare i disegni che lui aveva fatto per loro.

Molti anni passati da allora, ora è il momento giusto. Il progetto è più modesto, i costi sono saliti dopo 10 anni e lei certo non è più quella di una volta. Ma il piano anche se un po' modificato le piace assai.

Finalmente Amit arriva, tutti sono sull'attenti. Le sorride con quegli occhi azzurro chiaro spesso liquidi, le lacrime gli spuntano con facilità se commosso, comincia subito a dare istruzioni, la sua voce è vellutata, profonda e la tocca nel profondo.

I lavori cominceranno in bagno e in cucina, poi si bloccheranno e si butterà giù tutto il dietro proprio fino al termine della casa antica, piano terra, primo piano e la lavanderia di sotto, tutti di amianto sembra, tutti da rifare.

La donna prepara il caffè forte in tazzine piccole, greci ebrei italiani, tutti lo preferiscono così. Poi si comincia.

Il primo colpo di piccone è un colpo al cuore per lei. Una parte della sua storia che se ne va, ricordi che si affollano, quello che avrebbe potuto essere e che non si è mai realizzato. Un grande cambiamento. Ha preso la decisione giusta? Improvvisamente non si sente più così sicura.

Amit le sorride di nuovo, è entusiasta del progetto e glielo comunica, così lei si rilassa, sente che di lui si può fidare. Tutto andrà bene.

*

Non ci sono più feste a Busby durante i due lunghissimi anni della ristrutturazione.

Gli amici passano di frequente mai in gruppo però perché nella stanza a piano terra adibita ora a soggiorno oltre ai mucchi di libri c'è spazio solo per sedersi in pochi attorno al tavolo. Si fermano per un caffè, due chiacchiere e qualche volta una pasta, i vicini curiosano a più non posso, il gatto Cosmo ha deciso di andare ad abitare temporaneamente nella casa dall'altra parte della strada, troppi cambiamenti lo stressano e la coppia ospitante lo adora. Torna ogni tanto nel castello avito, lecca un po' Coco a cui manca molto e poi con un sospiro se ne va via, quando finirà tutta questa confusione si domanda.

Dopo i primi tre mesi frenetici in cui viene ristrutturato il bagno e creata una cucina nell'alcova fornita ora di una grande bellissima finestra che darà luce a quella caverna buia molto amata dalla famiglia e dal suo entourage, la vita a Busby scorre lentamente per la donna e per il figlio. Per vari mesi non succede nulla. Si capisce dopo un po' che il costruttore ha preso un lavoro importante a Campbelltown, molte case a schiera da tirare su, molti soldi da guadagnare, così il castello viene abbandonato dagli operai e la donna e il figlio rimangono immersi nella polvere e nei detriti in un'attesa che sembra senza fine.

I letti al piano di sopra fungono ora anche da divani per leggere, ascoltare musica, riposarsi durante il giorno e ospitare amici intimi con cui poter fare lunghe conversazioni senza essere disturbati.

Con Albert, dopo un drammatico periodo di separazione dovuto all'arrivo inaspettato di una altra sua ex questa volta brasiliana, il rapporto viene ripreso appassionatamente proprio lì nel letto romano che la donna ha trascinato per il mondo. Molto deciso lui, vorrebbe prendere in affitto una casa con lei e con suo figlio. Una casa che non sia Busby con tutto quello che c'è stato dentro per lei. Cominciare una vita nuova, loro tre.

La donna non riesce a decidersi. C'è voluto molto tempo per far approvare i lavori, ora che sono cominciati e che prima o poi finiranno, lei vorrebbe godersi il castello rinnovato. E poi non vuole ancora una nuova casa per il figlio, dopo tutti i cambiamenti che ha già avuto nella sua giovane vita. Ha fatto questo errore con sua figlia, trascinandola da un continente all'altro, non vuole ripetersi. Intuisce anche che una relazione con un uomo di parecchi anni più giovane è difficile da portare avanti a lungo, meglio viverla nel presente senza impegnare troppo il futuro. Per la prima volta nella sua vita non sente l'ansia dell'abbandono possibile, per la prima volta il *Carpe diem* diventa il suo mantra quotidiano.

*

Alba dell'anno 2000 nuovo millennio, stanza da letto grande.

Assonnata stupefatta e assai felice la donna si infila sotto le lenzuola e rivede come in trance immagini delle 24 ore precedenti, immagini che si affastellano senza posa e rimarranno, lei pensa, nella sua memoria per sempre

Chowder Bay dove ha passato la giornata della vigilia con suo figlio, gli amici Robbie, Sonja, i loro figli e il fratello di Robbie con la moglie venuti apposta dall'Italia per l'occasione

il caldo bruciante che li accoglie all'arrivo la mattina assieme alle centinaia di persone già assiepate per ogni dove, sacchi a pelo, tavole da surf multicolori, sedie, anche qualche poltrona, tavoli, tavolini, tavoloni straripanti di cibo e di bevande di ogni tipo

la ricerca affannosa di un posto all'ombra dove passare le tante ore caldissime ancora da venire

l'atmosfera tangibile di attesa trepidante, la sensazione di sentirsi tutti uniti di fronte all'evento epocale, forse la fine del mondo? certamente unico nella breve vita di ognuno dei presenti

la baia splendida, tirata a lustro, con le centinaia e centinaia di barche di ogni tipo da ogni dove, gli occupanti che già brindano, ballano, si tuffano in mare e salutano tutti con grandi sorrisi, la musica assordante che proviene da mille direzioni diverse

l'attesa che si fa spasmodica man mano che le ore passano nel caldo subtropicale, i figli che danno segni d'impazienza dopo ripetuti bagni e mangiate pantagrueliche

e poi il crepuscolo, il sole che diventa di fuoco davanti alla folla attonita e per un momento silenziosa, sarà forse il loro ultimo tramonto? si chiede la donna mentre la luce rossa strisciante su tutta la baia sembra trasportarla in un film di science fiction, qualche essere extraterrestre può comparire all'improvviso, tutto è possibile alla vigilia del grande evento

il *countdown* che comincia verso le 11 di sera e sembra non finire mai, la brezza che viene dalla baia rinfresca i corpi ed i cuori, la musica si fa più dolce, la gente comincia ad abbracciarsi, brindisi a non finire, ci si vuole tutti bene, tutti insieme, è tutto più grande di noi, piccole formichine di un universo incommensurabile

il tempo che è il mistero più grande, il presente che è del tutto relativo, l'adesso che è un'illusione, assumono improvvisamente un'importanza straordinaria

il tempo di Sydney diventa il Tempo a cui tutti lì attorno alla baia, più di un milione di persone, si riferiscono ossessivamente minuto dopo minuto in successione spasmodica

la baia che poco prima della mezzanotte diventa un immenso palcoscenico invaso da luci di tutti i colori, le famose gigantesche lanterne cinesi che dondolano nell'acqua mentre una musica ipnotica sembra dirigerle in una sorta di balletto circolare

e poi i fuochi, fuochi magnifici all'impazzata sopra l'*Harbour Bridge*, l'*Opera House*, *Darling Harbour*, connessi, separati, scintillanti, ipnotici, fuochi che sembrano non finire mai in questa lunga lunghissima mezzanotte del nuovo millennio che ci vede ancora vivi e che ci fa sperare bene.

BUSBY RISTRUTTURATO

Che il castello fosse cambiato così audacemente di dentro non lo si immaginava di fuori. La facciata aveva sempre le stesse bellissime mura di pietra arenaria, la trifora della stanza di sotto ombreggiata dall'albero d'arancio ormai cresciuto e pieno di frutti, le due finestre al piano di sopra assediate dai soliti nidi di vespe, solo la porta d'entrata era diversa, di vetro opaco e ferro arrugginito, disegno gotico dell'architetto che sottolineava l'atmosfera incantata di Busby. Magnifica.

E non appena si girava per la stradina di lato a sinistra ecco che spuntavano nuove di zecca sul muro laterale ben cinque finestre, due nel muro di pietra e tre nell'estensione che costituiva il soggiorno. Non solo. Alzando lo sguardo al piano di sopra se ne notavano anche altre tre, una aggiunta nella stanza di mezzo e due in quella che era stata la stanza rosa. Di dietro poi, esposti a sud e perciò verso il mare, due grandi terrazzi scoperti al primo e al secondo piano, mentre il nuovo monolocale ex lavanderia si affacciava sempre sul giardino di sotto e godeva di un bello spazio esterno.

Il giardino con gradini laterali di pietra arenaria, aveva assunto un'aria esotica per gli italici abitanti, con l'albero di felce diventato ormai gigante, *la palma altissima e ciuffi di uccello del paradiso che si ergevano colorati in ogni dove.*

Il castello nei due lunghi anni di restauro era stato guardato a vista dai vicini incuriositi e forse anche un po' sorpresi che i nuovi proprietari, arrivati in condizioni tragiche, fossero riusciti a ritirarsi su e trasformare la bicocca diroccata in una bellissima dimora confortevole. Busby veniva ora descritto come un faro luminoso, un centro d'attrazione, un magnete d'energia per gli abitanti, gli amici, i conoscenti, i curiosi di passaggio. Foto venivano scattate, film girati all'interno, il castello era ormai passato alla storia.

*

Foto a colori, formato 25x9cm, grandangolo 18mm

In primo piano sul tavolo di vetro Frate coperto in parte da una stuoia chiara, tre dolci con candeline accese. Uno al cioccolato e panna, due ricoperti di mandorle ognuno con in mezzo un fiore rosso.

Subito dietro, il corpo chino, le guance gonfie pronte a spegnere le fiammelle, la donna al centro, ai lati due amiche. Un momento speciale.

La donna indossa un vestito arancione di chiffon aderente e pieghettato su di un lato, trattiene i capelli con le mani ai lati della faccia per evitare che si brucino. Alla sua destra Patty, vestito di pizzo nero e la mano sinistra poggiata delicatamente sulla spalla, a sinistra

Rosalyn, top rosa e argento che stringe dietro la schiena con entrambe le mani. Tutt'intorno sul tavolo bicchieri da vino rosso, vino bianco, champagne, bottiglie piene, bottiglie vuote.

In piedi dietro di loro, una folla variegata e pigiata. Sorridente. Si intuisce che stanno tutti aspettando il momento fatidico per intonare Tanti Auguri. Una cantante col microfono in mano, forse su un palchetto messo d'angolo in fondo al grande soggiorno, si sporge da lontano sopra gli amici per farsi fotografare. Anche lei pronta a cantare. Molta allegria.

A sinistra nella foto, una vetrata semiaperta fa intravedere il terrazzo illuminato a giorno e la punta dell'albero di felce che s'innalza dal giardino. A destra le due entrate scavate nel muro di pietra arenaria danno sulla cucina col tavolo di marmo sovraccarico di pentole e di piatti.

Dietro gli amici, sopra il divano, in lontananza, cartelli variopinti inneggianti ai Gemelli, il segno zodiacale che si celebra al momento.

Festa di compleanno e fine della ristrutturazione, il castello si riapre.

*

Dopo due lunghi anni, madre e figlio possono finalmente rilassarsi e cominciare a riordinare le stanze ai piani superiori divenute, durante i lavori ciclopici, depositi polverosi di oggetti di ogni tipo e dimensione sottratti giocoforza alla demolizione nei piani inferiori.

Odore di pittura, di cera per pavimenti, luce, tanta luce insolita e abbagliante che penetra dalle nuove numerose finestre. Nuova energia.

E il viavai ricomincia.

La figlia e il fidanzato sono ospiti quasi giornalieri, abitano a Bronte Beach, dieci minuti a piedi, mattina o sera un pasto insieme è sempre una celebrazione, un riraccontarsi di quanto è cambiato in meglio il castello, ogni stanza ogni angolo, sopra sotto davanti dietro, che bellezza!

Il figlio adolescente adesso può invitare i suoi amici, c'è spazio di nuovo nella sua stanza che è anche più luminosa, la madre ha voluto far aprire un'altra finestra nella parete di pietra, per effetto della luce la camera sembra raddoppiata. Musica a tutto volume, il rap di prima mattina o di sera tardi fuoriesce nella strada.

I gatti sono felici. Invece di fare il giro della casa per andare nel giardino di dietro a mangiare, ora possono elegantemente saltare dalla nuova grande finestra della cucina giù nel vialetto di lato e da lì raggiungere le loro ciotole. Possono anche, sempre dalla suddetta finestra, controllare i loro nemici, soprattutto il vecchio Jerry e i suoi accoliti affamati e combattivi anche se Cosmo non si spaventa più e difende brillantemente il suo territorio, nonché l'amata Coco. Ormai è diventato lui il ras di Busby Parade.

Dorian, amico storico della figlia, attore, pittore e ora apprendista gioielliere, prende in affitto la grande stanza di sopra. Oltre a dormirci ne farà il suo atelier, ha molte idee e un indomito furore artistico. Tutti sanno che quando comincia un progetto, riesce sempre a portarlo a termine con successo.

L'appartamentino monolocale viene affittato a una giovane attrice con pochi soldi e in cerca di fama. Sorridente e chiacchierona, tutte le scuse sono buone per salire al piano di sopra, una tazza di tè un consiglio un racconto, molte risate.

La nuova imponente porta gotica apre spesso i battenti la sera, era ora, si ricomincia a ricevere! E in tanti a scaglioni arrivano a salutare, a vedere, ad apprezzare, su e giù per le scale, davanti e dietro, commenti a non finire, i padroni di casa sembrano degli agenti immobiliari. Molto contenti.

Gli amici e i parenti italiani che da lontano hanno seguito le fasi della ristrutturazione del castello adesso si mettono in fila per fare un pellegrinaggio a Sydney. Viste le foto e sentiti i racconti orali, vogliono vedere di persona la trasformazione miracolosa.

*

È mattina presto. Inizio marzo, aria calda e secca, forse un lunedì.

Il portone si spalanca e lascia passare la donna, borsa libri fogli sparsi in una mano, un mazzo di chiavi nell'altra. Qualcosa le casca per terra, è il giacchetto che teneva su una spalla. Si spazientisce, lo raccoglie, va di fretta, si capisce. Struscia la siepe di rosmarino, il profumo si sparge attorno, lo respira. Sorride.

S'infila nella macchina, aspetta due minuti poi comincia a suonare il clacson.

Dopo altri cinque minuti il figlio esce di corsa dalla casa e caracolla verso la macchina. Camicia della divisa sbottonata, cravatta su una spalla, zaino sull'altra, scarpe in mano. Stanno facendo tardi. Lui a scuola, lei all'università. Devono anche passare a Clovelly a prendere Ned un compagno di classe, si ricorda all'improvviso il figlio. La madre s'infuria.

Tragitto fino all' International Grammar School a Ultimo passato in silenzio dalla madre, un gran chiacchierare dai sedili di dietro.

I due adolescenti parlano di video games, dell'ultimo film d'azione che hanno visto, delle ragazze, poche quelle della scuola degne di attenzione secondo loro, le migliori sono sempre quelle incontrate fuori, alle feste o alla spiaggia.

La madre si concentra sulla lezione che deve tenere il pomeriggio e soprattutto sulla scaletta del programma radiofonico che sta finalmente portando avanti su *Rete Italia* per gli studenti dei corsi di italiano come lingua seconda. Deve finirla prima di pranzo. Un'impresa non indifferente: contattare la studentessa che le fa da assistente e che va in giro a registrare nelle scuole e nelle università piccoli segmenti di pezzi teatrali, canzoni, poesie, storie che gli studenti producono e che lei e il suo collega Ciro montano per la trasmissione settimanale; e poi trovare la musica da inframezzare al parlato e l'ospite della settimana, registrare una filastrocca per i bambini delle scuole elementari scelta da Pat, sua collega a Canberra, assicurarsi che Leo, l'altro suo collega di Canberra, reciti durante il programma una poesia adatta agli studenti universitari, da una cabina telefonica.

All'improvviso la madre aguzza le orecchie: di dietro i due adolescenti a voce bassa stanno parlando di sesso con grande eccitazione e, dopo aver esplorato altre possibilità con dovizia di particolari, si dichiarano reciprocamente eterosessuali. Lei non ricorda di aver mai fatto questo tipo di conversazione con i compagni di scuola, ma certo i tempi sono cambiati e Sydney è la città gay per eccellenza così che ai ragazzi viene naturale analizzare in profondità il proprio orientamento sessuale. Attimi di silenzio seguono queste dichiarazioni così intime e importanti per tutti e due.

Poi il cicaleccio riprende sui computer games, sullo sport, calcio e tennis, sulle ragazze. La madre frena, sono arrivati alla scuola. I due schizzano fuori in un battibaleno, sperano di non aver fatto tardi di nuovo ma il portone è già dannatamente chiuso, per l'ennesima volta dovranno andare a scusarsi dal preside.

La donna si dirige verso Sydney University a tutta velocità rischiando una multa salata, il Service NSW non perdona come a volte invece i vigili italiani, con loro c'è sempre la speranza di farla franca.

Con il figlio si rivedranno il pomeriggio tardi nel castello, affamati e con molte cose da raccontarsi. La donna pregusta già la serata, zuppa di lenticchie e bok choy al vapore, calcio ragazze e nuovo film di Martin Scorsese da vedere insieme vero mamma? poi su, nella sua nuova camera da letto vetrata spalancata frinire di grilli musica delle onde, profumo sempre di caprifoglio.

*

La ex camera rosa, ora bellissima luminosa stanza da letto con terrazzo aperto sul mare, viene occupata a ristrutturazione avvenuta dalla madre con presa di posizione indiscussa ma accettata dai figli.

Dopo più di un anno passato con il figlio in prigionia del castello dimezzato, la donna tira ora un respiro di sollievo. E si elenca con soddisfazione i cambiamenti avvenuti

appartamentino monolocale nel giardino di dietro

quattro stanze da letto

un soggiorno enorme

cucina abitabile

due bagni due terrazzi

il tutto su tre piani con anche i giardini rimessi a posto davanti e di dietro.

È stata lunga e complessa ma ce l'ha fatta, ha mantenuto la promessa, troppo tardi per Giacomo ma la casa è diventata 10 anni dopo come l' avrebbero voluta, finalmente.

Si sbizzarrisce con la mobilia la donna nella sua nuova stanza mescolando antico e moderno, il comò della nonna Vittoria e una *chaise longue* come letto, l'armadio minimalista, oggetti esotici ricordi di altre vite vissute a Nairobi ad Algeri a New York. Qui adesso di fronte al mare vista lunga di Clovelly, Coogee fino a Malabar Beach, un'infilata di spiagge da cartolina, si sente aperta dopo tanto tempo, libera e contenta di esser riuscita a portare a termine questa impresa ciclopica.

Alla stanza si accede ora da una comoda scaletta di legno che atterra su un'anticamera microba ma utile per creare uno spazio di attesa e di mistero. L'architetto ha seguito il Feng Shui che sconsiglia la linea diretta tra la porta d'entrata in un locale e la finestra o il balcone. Reputa che le energie positive si dissolvano così e predilige l'entrata di traverso. Amit che è un ebreo ungherese interessato all'induismo e alla meditazione sulle vette tibetane pensa che si debbano soddisfare tutti i diversi tipi di clienti, inclusi i cinesi, nel caso si voglia vendere la casa. La donna prima di iniziare i lavori s'è fatta fare una lettura Feng Shui del castello così com'era e com'è al momento e si è fatta dare consigli per migliorarne l'energia. Apparentemente l'anno in cui l'avevano comprato Busby era un disastro ma adesso con la luce che entra da molte nuove finestre, con la fontanella d'acqua che scorre sempre nel salotto al piano terra, il Chi dovrebbe migliorare e lei già sente che è così.

La mattina, aperta la porta finestra dell'ex camera rosa, la donna si siede anche se solo per pochi minuti nel bel terrazzo pieno di sole. Guarda il mare là all'orizzonte e respira profondamente, chiude gli occhi e si fa baciare. Ha sempre avuto un rapporto diretto con il sole: le fa bene, lo sente, la riscalda, le dà forza quando si sente debole. A pensarci bene l'adorazione rituale degli antichi per il dio Sole altro non era che il modo per sentirsi in armonia con la vera fonte di vita. Non siamo forse tutti noi come dicono ora gli scienziati, polvere di stelle? E la nostra stella è proprio il sole. A poco a poco, da quando è arrivata in Australia le sembra che il suo orizzonte filosofico sia più largo, più chiaro o che perlomeno sia più adatto alla sua persona. Come l'universo, sente che il suo corpo è fatto di un equilibrio possibile ma sempre in movimento con tutti gli organi che interagiscono a volte in armonia a volte in dissenso, che la mente e le emozioni vengono fortemente influenzate dal benessere del corpo, che quindi il corpo va curato per curare la psiche, *mens sana in corpore sano*. Il rapporto con la cultura aborigena australiana, con la sua storia di animazione del cielo e della terra attraverso i sogni e l'eterno presente, la fanno ripensare alla sua storia e a quella delle generazioni che l'hanno preceduta. Il passato visto come luogo del trascorso, il tempo dell'imperfetto, sempre in fuga lei, sempre proiettata verso un futuro migliore.

Adesso, il corpo caldo allungato sulla sedia a sdraio, il rumore del mare in lontananza, capisce per un momento che ha fatto bene a restare in Australia. A testa in giù e senza più nessun punto di riferimento è stata costretta a ricominciare da capo, a dover sperimentare, nel presente, senza avere le spalle coperte, senza potersi appoggiare al passato, qui, in un luogo sconosciuto e assai diverso da quello da cui veniva. Uno sforzo notevole che però sembra averle aperto nuovi orizzonti. Spesso le capita di assopirsi per un momento di fronte al sole con un sorriso sulle labbra.

*

Vigilia di Natale, tramonto caldo umido subtropicale.

Nel soggiorno nuovo di zecca,

pavimento di legno *blackbutt* ripescato da uno *scavenger* in una casa in demolizione a Rose Bay

vetrata scorrevole gigante che si apre tutta sul terrazzo con ringhiera celeste tropicale

muri di pietra arenaria riportati a nudo

Mio istante del 4 aprile 1928 ore 10 più due minuti, stampa di Balla sopra il divano bianco

tavolinetto decò comprato a Newtown per $30 qualche anno prima

un grande vaso di fiori con *tiger lilies* dal profumo esotico,

in tanti sono riuniti.

Sparpagliati sul divano sedie cuscini tappeti, i ritardatari fuorisciti anche sul terrazzo, lo spazio è grande finalmente, l'aria calda sembra tenera, il profumo del caprifoglio è un miscuglio di miele e limone.

Quest'anno c'è una novità a Busby, non c'è solo la cena di Vigilia.

Al tramonto i presenti, tutti insieme appassionatamente, si godono un momento comune di riflessione con letture e discorsi che restituiscano al Natale un po' del suo significato originario ormai perso nella marea consumistica di regali e grandi abbuffate: la nascita di un profeta che ha predicato l'amore per se stessi e per gli altri. La donna ricorda ancora con nostalgia le cene di Vigilia a casa dei genitori, cene di magro, sempre il solito menù di spaghetti al tonno, fritto misto di pesce e verdure, broccoletti strapazzati, insalata di arance e olive, datteri mandorle e fichi secchi. Poi la messa di mezzanotte, magica, a piedi le scarpe scricchiolavano sull'asfalto nel silenzio della notte, il profumo d'incenso inebriante a Santa Croce al Flaminio, i fiori, i canti, le candele, tutto è ancora vivo in quell'angolo della memoria che la donna chiama infanzia, anche la sua immagine vista in tante piccole foto in bianco e nero, una bambina tornita con una gran massa di capelli scuri e sopracciglie nerissime, la faccia seria, la faccia sempre seria.

È serena la donna ora. E spesso sorridente.

Le è venuta all'improvviso questa idea di trasformare la gozzovigliata annuale in una rivisitazione del significato del Natale, la fine dell' anno assai vicina è il momento giusto per ripensare il senso della vita. È contenta della decisione. Molti amici ultimamente si sono avvicinati a pratiche 'spirituali' le più diverse, siamo in Oriente e così meditazione vipassana, meditazione *zen, yoga nidra, tai chi, qi gong, rebirthing*, visualizzazione, insomma tutti gli invitati sono aperti all' opzione parliamo di Gesù se vogliamo, visto che è la sua festa, oppure parliamo di quello a cui ci rimanda, la pace, la giustizia sociale, l'amore, la necessità della poesia nel mondo. Un po' di imbarazzo iniziale, è una novità, poi piano piano l'atmosfera si scioglie e ognuno presenta la sua piccola storia, una poesia, una canzone, che tutti ascoltano in silenzio. Si crea comunità, una comunità diversa dalla solita caciara di dibattiti ad alta voce enfatizzati dall'alcool, non si deve parlare per sentirsi vicini, un'energia forte connette tutto il gruppo. Un momento di silenzio, una pausa alla fine, prima della cena. Si degustano poi con grande entusiasmo spaghetti al tonno, cicoria e crema di fave, insalata di arance e olive, fichi secchi. Il castello è ora incantevole e appetibile non solo per gli amici ma pure per gli estranei. La donna ne è orgogliosa.

*

La cucina è un piccolo gioiello.

Ricavata dall'alcova buia e assai umida nelle estati subtropicali, adesso gode della luce dell'est, luce rosata mattutina che filtra dalla grande finestra scavata nella pietra arenaria. I gatti l'adorano. Da lì con un balzo notevole atterrano spesso sul recinto che separa Busby dalla proprietà accanto, un palazzetto degli anni '30 abitato da una coppia giovane e simpatica con tre figlie, lui australiano scozzese, lei irlandese erramondo, capitata a Sydney per caso e rimastaci per sempre.

Davanti alla finestra un lavandino capiente, un bimbo potrebbe usarlo come bagnetto, finalmente la donna può lavarci tonnellate di verdure fresche che quando ha tempo cucina in vari modi e che potranno essere poi usate dalla famiglia durante la settimana.

Il tavolo di marmo rotondo, tavolo che lei ha fatto fare dietro casa a Trastevere dal marmista del quartiere, negozio antico, mestiere tramandato a Roma da padre in figlio, ora troneggia accanto alla parete opposta alla macchina del gas, non più quella antidiluviana che con le sue perdite rischiava spesso di far saltare in aria abitanti e abitazione. Una macchina del gas italiana, naturalmente. E qui la donna comincia ad elencare con grande entusiasmo tutte le leccornie che finalmente, dopo anni di costretta carestia creativa, puo' cucinare. Non solo i fornelli possono regolarsi a perfezione quando deve improvvisamente abbassare la fiamma e passare da una scottatura veloce ad una cottura a tempi lunghi, ma il forno, il forno è una meraviglia! elettrico, mutevole al millimetro, la donna si sbizzarrisce con lasagne, pesce con patate, torte di mele macrobiotiche senza zucchero solo uvette e mandorle.

Sul tavolo si preparano per gli eventi speciali gnocchi di patate leggerissimi perché senza uova e con poca farina, si stendono le sfoglie per fare fettuccine bianche e verdi, allungate poi sul divano avvolto da lenzuoli infarinati. Sul tavolo si improvvisano anche lezioni per le amiche della figlia desiderose di immergersi nella grammatica della cucina italiana, regole di base l'aglio con l'olio e il peperoncino, il burro con la cipolla, niente formaggio per la pasta con le vongole, regole che gli australiani spesso non conoscono e che vogliono imparare pedissequamente.

Finalmente una cucina dove la donna può sperimentare a volte, a volte ricordare ricette di famiglia e con esse i sapori, gli odori e le atmosfere, nostalgia e novità di pari passo. L'opera ci sta sempre bene, Pavarotti e la Callas sono i suoi favoriti.

*

Un venerdì mattina, ore 10.

Oltre ai pranzi alle cene ai tè bancha e agli aperitivi con parenti amici conoscenti tutti nel soggiorno, tutti attorno al tavolo Frate in bella mostra sulla sinistra vicino alla cucina e davanti alle due nuovissime finestre, la donna pensa di organizzare, sempre lì nel soggiorno sempre attorno al tavolo, delle lezioni private di lingua e cultura italiana nei suoi buchi dall'insegnamento all'università. Ha un mutuo notevole da pagare dopo le recenti ristrutturazioni e anche se ha affittato la stanza da letto più grande a Dorian, non c'è da scialare con il figlio ancora a carico, le bollette e tutto il resto.

Il primo gruppo di studenti è molto interessante.

Vengono dal Centre for Continuing Education di Sydney University.

Tutti di mezz'età, tutti molto colti, tutti multilingue, tutti molto diversi tra di loro. C'è uno psichiatra ex cantante lirico, una ex ballerina di danza classica, una scrittrice attrice e regista, una professoressa universitaria di storia romana antica, un'altra ex ballerina, un'altra insegnante di storia, una giornalista esperta di spagnolo, insomma un coacervo di conoscenza ricca e creativa. Tutti interessati a continuare a imparare l'italiano la politica l'arte la letteratura il cibo, tutto tutto vogliono sapere tutto, assetati tutti di nuova conoscenza. La donna si trova a suo agio con loro, sa che può offrirgli nei vari campi quello che interessa anche lei, così lo scambio è reciproco. Si vedono il venerdì mattina per tre ore, caffè e biscotti italiani fanno parte della cerimonia culturale.

Piano piano in un passaparola continuo la donna si trova un *carnet* pieno di appuntamenti pomeridiani, lezioni di gruppi, coppie, anche singoli studenti, quelli che resistono sono sempre quelli con cui lei sente delle affinità elettive.

L'esperienza universitaria le ha dato la capacità di usare tecniche d'insegnamento molteplici e poi la sua innata curiosità le rende il lavoro interessante e le fa mantenere un legame continuo con la madrepatria. Un legame forte e necessario ma che in qualche modo la costringe, se n'è accorta ben presto, a mettere in secondo piano la sua immersione nell'inglese in cui mantiene un forte accento italiano e un'insicurezza cronica dovuta al fatto di non averlo studiato all'università ma di averlo appreso in tutta fretta e in circostanze tragiche quando è rimasta da sola con i due figli.

A volte le sembra che il vivere in Australia le permetta, più che lasciarsi permeare dalla lingua locale, di osservare, assaporare, penetrare meglio al di fuori del suo contesto, la sua lingua d'origine. Non che non le piaccia l'inglese dopo averlo disprezzato nell'adolescenza, infatuata com'era del francese di Parigi dell'esistenzialismo e degli chansonniers, averlo poi abbracciato giocoforza in terra australe e apprezzato in seguito.

L'inglese le ha tirato fuori una parte di sé che altrimenti avrebbe lasciato dormiente, quella parte che l'ha costretta ad affrontare responsabilità pratiche, parlare e scrivere usando una lingua non sua, una lingua acquisita senza fronzoli retorici, ridando alle parole il loro valore e significato originario. Le ha insegnato l'umiltà di dover ricominciare a parlare in maniera semplice, quasi come una bambina, invece di usare paroloni come in *illo tempore* le piacevano all' università, nelle assemblee pubbliche, nei suoi discorsi politici infuocati. Capisce che questa lingua consonantica così diversa dalla sua, questa lingua sì l'ha aiutata a capire la coesistenza delle differenze. Non c'è un meglio o un peggio c'è solo un diverso che non è né meglio né peggio, c'è solo una combinazione in lei del prima e dell'adesso. Si sente un ibrido.

E così il tavolo di vetro tra una colazione e una cena, si riempie di fogli, penne, libri, quaderni, appunti presi, frasi sottolineate, ditate, avanzi di caffè, di biscotti, di borse dimenticate, di energie accumulate, di esperimenti osati.

*

Il bagno è una meraviglia

il pavimento di legno antico riportato alla luce

il lavandino di porcellana italiano

la Jacuzzi triangolare sotto la doccia

le luci soffuse

la donna ogni mattina si ripete che

le piace le piace le piace molto questo suo nuovo bagno!

Con Albert da subito, quando Busby era dimezzato e loro si erano ricominciati a vedere, il nuovo bagno era diventato la parte centrale del cerimoniale notturno. Candele, olii profumati, frangipani, ibiscus, si alternavano sui bordi della spa, mentre loro si insaponavano reciprocamente.

Il bagno era stato il loro primo luogo di incontro a Erskineville, nella vasca con i piedi di leone, il primo contatto fisico tra loro, poi ripetuto come un rituale nel tempo.

Anche l'ultima volta che si erano visti, ultima e definitiva, il bagno li aveva accolti, lui che le aveva detto con gli occhi lucidi che forse, forse voleva riprovare con la sua ex brasiliana e lei che gli aveva recitato un po' per sfida una frase di Nietzsche, scarabocchiata chissà da chi su uno dei cartelli della festa di ristrutturazione in bella vista nel corridoio e lasciata lì così da potersela ripetere lei ogni volta che entrava e usciva dal castello "La vita è fatta di rarissimi momenti di grande intensità e di innumerevoli intervalli".

Anche l'ultima volta si erano detti le ultime cose dentro la Jacuzzi con l'acqua che scorreva insieme alle lacrime, per la prima volta però lei si sentiva pronta ad essere abbandonata, una storia bellissima che doveva finire prima di diventare un melodramma ottocentesco. Così usciti dal bagno, capelli umidi il viso pure, si erano attardati in corridoio davanti al cartello con la frase di Nietzsche indecisi sul da farsi.

Alla fine aveva deciso lei. Un abbraccio, un addio definitivo.

*

Primo pomeriggio, pioggerella passeggera, sole che irrompe tra le nuvole.

Sono in cinque, tutte amiche.

In circolo, due sul divanetto, una sulla grande poltrona di lato, una sulla poltroncina rotonda, una per terra con le gambe incrociate, la stanza d'entrata con la triplice finestra fornisce la giusta atmosfera per una seduta di meditazione.

Cinque amiche tutte italiane ma molto diverse per età, per carattere, per provenienza geografica e bagaglio culturale. Un ricco miscuglio.

Silenzio, beato prezioso silenzio, incenso e candele a profusione. E poi i racconti.

Di come è andata la seduta, di cosa ha tirato fuori dal conscio e dall' inconscio, le emozioni, le risate, le lacrime e poi le storie che inevitabilmente vengono fuori delle vite di ognuna. Passate e recenti. Storie intime. Storie felici, storie drammatiche, storie storie storie. Appassionanti.

Cominciata con entusiasmo all'inizio della sua avventura australiana, portata avanti con novella disciplina per qualche tempo poi abbandonata, ripresa e abbandonata di nuovo, la meditazione è stata per la donna un filo, discontinuo ma pur sempre un filo, della sua vita in Australia. Averla conosciuta e praticata le dà la sicurezza che volendo può sempre ritornarci e sa che le fa bene.

Finita la storia con Albert la donna intuisce che è il momento giusto per ricominciare.

È anzi necessario perché dopo l'addio precipita in un periodo di abissale incertezza, si domanda in continuazione se la decisione improvvisa di finire non sia stata dettata forse da una botta di orgoglio. Corrispondeva veramente al suo desiderio?

È stata lei a mettere la parola fine alla loro relazione. Lui era ancora in forse. Anche se si capiva, la donna lo intuiva, che avrebbe voluto riprovare con la sua ex. Ma perché lei ha chiuso così bruscamente?

È poi così certa di aver fatto la cosa giusta? Più passa il tempo più

la donna rivede la relazione con Albert come una serie di meravigliose diapositive a colori, scene su scene romantiche, erotiche, poetiche,
il tutto avvolto dalla natura selvaggia del bush australiano. Tutto bellissimo, tutto positivo, tutto forse ancora possibile se lei invece non avesse…se non fosse…

Nottate insonni.

Incerta e combattuta, ripensa a volte all'ultimo incontro con Albert con occhio critico. La mente le dice che ha fatto bene, che la storia con Albert potrebbe estendersi nel tempo forse ancora un poco, ma poi? Che futuro avrebbe?

Il cuore invece e la sua emotività spesso incontrollabile le sussurrano che avrebbe potuto rivelare ad Albert la sua voglia di stare insieme nonostante tutto, confessargli la sua non apparente ma sempre presente fragilità e la sua paura dell'abbandono. La solitudine adesso la spaventa.

Forse perchè fin da bambina ha vissuto in famiglia con quattro uomini, padre, fratelli e uno zio scapolo, le relazioni sentimentali sono facili e spavalde nella fase iniziale, ma si rivelano più complesse e contorte man mano che si tocca l'intimità più profonda. Là c'è una mancanza antica e perciò una voglia irrefrenabile di sentirsi amata desiderata posseduta. Una voglia rivelata nei momenti rari di intesa perfetta, nascosta spesso per pudore o per orgoglio.

Torna spesso sulla scogliera che li ha visti passeggiare abbracciati di mattina presto prima di andare a lavorare o di sera tardi, con la luna piena che si alzava dal mare o anche al buio che non è mai completamente, basta abituarsi.

L'insegnamento che lei ama molto, i doveri materni, la cura della casa, la spesa, i pranzi, le cene da preparare, tutto al momento le pesa. Vorrebbe una vacanza, sdraiarsi al mare per ore, senza fare niente.

Si ripete che passerà, che il tempo è la migliore medicina, vive in una continua altalena di sentimenti contrastanti.

Le amiche e gli amici ma soprattutto le amiche molto sensibili sono presenti, molte chiacchiere con té e dolcetti, qualche gita, cinema, feste ma finalmente la proposta che la scioglie dal suo torpore. Un piccolo gruppo di incontri una volta a settimana nel castello ristrutturato. Per la prima volta dopo la separazione da Albert lei accetta con un moto di entusiasmo. Sa che sarà una routine importante per riacquistare un equilibrio mentale. Ringrazia le amiche dal profondo del cuore e comincia a pensare a che dolcetti preparare per la seduta a venire. Un buon segno, lei spera.

*

Di solito, nei momenti di grande infelicità, la donna ritorna alla scrittura. Sembra quasi che la necessità di ricordare, di registrare quello che è stato, le venga soltanto quando soffre, che la sofferenza sia l'unico momento in cui la parola scritta diventa un balsamo per il suo cuore in pena. Si isola, ascolta il silenzio e riesce così a sentirsi nel profondo. E a penetrare nei recessi della sua anima.

La felicità, gli attimi meravigliosi in cui si dice "Sono Felice!" si sorride e vorrebbe sempre ballare, va vissuta. Non le va di mettersi al tavolino davanti al computer, di fare una pausa per riflettere, tirare fuori la bellezza che ha dentro e tradurla in parole scritte. Non ha tempo. Ha paura che l'incanto si spezzi e se lo vuole godere fino in fondo.

E però, quando avviene, quando tutto finisce, si dispiace di non aver documentato la gioia, quella sensazione rara di essere completamente aperta, libera e pronta all'avventura nell'attimo presente.

Ci riflette mentre pensa al tanto perso dopo la separazione da Albert, il ritorno alla solitudine, la mancanza del suo corpo caldo nel letto la notte, le conversazioni serali al telefono quando lui partiva per un reportage in giro per l'Australia, i weekend passati insieme nel bush, camminate senza fine, il fuoco abbagliante la sera con la zuppa calda, la magia del cielo stellato senza luce artificiale, il silenzio degli umani e il suono delle foglie, degli animali tutt'intorno. La musica interiore sprigionata dall'amore.

Di notte adesso sono i sogni che le fanno compagnia.

Sogni ricorrenti che hanno sempre a che fare con la casa, case sempre diverse, raramente quelle che lei ha abitato.

La casa dei genitori e in particolare il terrazzo della loro camera da letto da cui lei si librava in cielo felice, quello era il sogno costante della sua adolescenza. Queste invece sono case assolutamente irreali, fantastiche, a volte impossibili, case che lei esamina, critica, ammira, vorrebbe aggiustare, ci vorrebbe vivere, le piacciono molto oppure se ne allontana con passo sicuro. Case in città, vicino al mare, case dentro al mare, nel bush, di solito case grandi e assai complesse. A volte deserte, a volte piene di gente. Raramente ci vede Albert, spesso c'è un uomo che poi per ragioni varie e spesso assurde l'abbandona. Lei nel sogno se lo sentiva, già da prima lo sapeva della drammatica fine e c'è tutto un crescendo di aspettative disattese, sempre di più, sempre di più, un film drammatico che si conclude di solito con una porta sbattuta, uno schiaffo, un addio o un tradimento.

La mattina adesso si sveglia presto.

Nel dormiveglia cerca di riandare alle sensazioni provate, senza riflettere senza bloccarsi per leccare le ferite, non vuole pensare al giorno che si avanza, vuole solo rimanere col sogno, quello che sia, ma con il sogno. Nudo e crudo. Chissà che non le dica qualcosa di importante, qualcosa che lei da sveglia non riesce a capire. Prende la penna e comincia con gli occhi semichiusi quasi in trance, a scrivere di getto in un quaderno di carta riciclata con copertina verde smeraldo.

Scrive. È un inizio?

*

Primavera inoltrata, salotto al piano terra, tv accesa, porta d'entrata al castello aperta.

Giornata calda, l'estate si avvicina.

La prima stanza che s'incontra entrando a Busby, subito sulla sinistra è l'ex stanza da letto, divenuta ora un bellissimo salotto. È perciò adesso una stanza importante, la stanza che appena entrati, dà il tono alla casa.

Senza la piccola scalcinata porta di prima ma con due grandi entrate gemelle scavate nel muro spesso di pietra arenaria, illumina il corridoio finalmente e lascia ammirare da subito la bellissima trifora merlettata. Una libreria a parete, di fronte alle finestre, mostra tutto il sapere importato dall'Italia, quello acquisito in Australia da Giacomo prima di morire, da lei negli anni seguenti, dai figli recentemente. A sinistra la poltrona maestosa di nonna Vittoria adesso restaurata, una poltrona antica, fatta per starci comodi dentro, la donna ci si rannicchia la sera per guardare la tv e spesso ci si addormenta. Di fronte alle due entrate un divanetto italiano, comprato a Canberra sempre dall'ex fuggevole amante. Tra le due entrate e perciò di fronte al divanetto, una tv nuova di zecca.

In questa giornata calda gli amici numerosi si avvicendano nella stanza, arrivano a più riprese, vanno in cucina a riempirsi il piatto, nel corridoio a chiacchierare, nel giardino davanti a fumarsi una sigaretta all'ombra dell'arancio in fiore, ritornano preoccupati a guardare in televisione lo spoglio elettorale, spiegato velocemente dai giornalisti super frenetici e che lascia tutti sempre più tesi.

La donna si aggira tra gli amici.

Ancora fragile, la storia con Albert sempre presente, sensazioni di struggente malinconia, di perdita inconsolabile, qualche volta però adesso cominciano a risuonarle dentro ricordi felici senza rimpianti.

Si guarda attorno. Le piace Busby ristrutturata e, nonostante tutto, è contenta di vivere a testa in giù. Ma quella parte di sé, quella che la fa sentire tuttuna con la comunità più grande, quella che ritiene che la *res publica* dovrebbe essere gestita per il bene di tutti, quella parte è profondamente insoddisfatta. Le ritorna in questo momento la rabbia, le guance rosse accaldate del suo periodo politico a Roma quando lottava per le riforme universitarie, per gli aumenti salariali uguali per tutti nelle fabbriche, per i grandi cambiamenti politici mai poi avvenuti. La sua generazione ha pagato profumatamente per essersi esposta, per aver lottato per il bene comune. Molte speranze, molti errori, molti tentativi falliti. Una generazione perduta. Dispersa in mille rivoli, smembrata. Eppure il desiderio del cambiamento è rimasto in molti di loro. Lo sente quando torna in Italia e parla con gli amici del bel tempo che fu. Che era poi il tempo della gioventù.

A volte le sembra di vivere in un altro pianeta, da allora tante cose nuove sono avvenute, almeno per lei, nel suo personale ma anche nella sua percezione della politica e di quelli che oggi sono i temi importanti per cui lottare. L'Australia le ha dato un grosso scossone. Nelle sue alternanze di governi, tra laburisti e liberali, il Paese possiede comunque un'ossatura forte che è la burocrazia (impensabile per un'italiana!), indipendente dai partiti e votata al bene comune. Per questo nonostante l'avvicendamento politico abbastanza regolare, il Paese regge bene, l'economia va avanti senza intralci e la gente ha fiducia nelle istituzioni. Anche questo impensabile per lei.

Quello che invece lascia molto a desiderare, soprattutto con i governi di destra, è il rapporto con la popolazione Aborigena e la politica estera. Cercano di cancellare la vergogna dell'invasione mai riconosciuta ufficialmente spargendo soldi a piene mani e in maniera insensata per "il miglioramento della qualità della vita della popolazione Aborigena" ma il gap economico si mantiene e non accenna a diminuire. Il riconoscimento del Primo Popolo australiano non è ancora entrato nella Costituzione non è stato stipulato un Trattato tra governo e First People e questo pesa enormemente e non aiuta la tanto invocata Riconciliazione. Nella politica estera poi vige un'alleanza incondizionata con gli Stati Uniti, una chiusura dei confini ai rifugiati, un irrigidimento del senso di identità nazionale, costi quello che costi, fino a falsare la geografia dell'Australia.

La televisione imperversa, gli animi si accendono e la donna ritorna in salotto già immaginando quali saranno i risultati. Un altro triennio di Howard, un altro periodo in mano alla destra conservatrice e retriva. Molto da criticare e molto da incassare. Parecchio da fare.

(VOCI FUORICAMPO)

...e che purtroppo questo governo di destra terribile insediato da un bel po' non se ne sarebbe andato con queste nuove elezioni, che adesso l'economia era la religione imperante, che loro adesso, gli italiani della nuova generazione, dovevano pensare a trovarsi un lavoro permanente, comprarsi una casa, addio lavori saltuari, addio case in comune, *squats, dole!* che la burocrazia si sarebbe complicata e ingigantita con questo leguleio di Howard e chi l'avrebbe mai pensato quando loro erano arrivati agli inizi degli anni '80 stufi degli azzeccagarbugli italiani, della lingua dei politici delle convergenze parallele, che invece metà della popolazione adesso approvava Howard e i suoi accoliti nonostante la nefandezza del 'Tampa Affair' che definiva che Christmas Island non era più Australia per i richiedenti asilo, nonostante il falso sui genitori che gettavano in mare i bambini dalle barche per ottenere asilo, roba da pazzi! che il governo aveva poi tagliato pezzi dalla mappa dell'Australia così da impedire gli sbarchi, che questa era la dura verità, che i diritti umani dei rifugiati erano stati completamente calpestati, che il razzismo bianco ritornava e Howard ne era stato e ne era il campione, che era una vera schifezza il trattamento dei rifugiati spediti poi all'equatore, a Nauru, la piccolissima isola in bancarotta che prometteva di occuparsene in cambio di ricche sovvenzioni australiane, che negli anni '80 in Australia invece li ricevevano a piene mani i *boat people* dal Vietnam, che per di più Howard appoggiava pedissequamente la politica di Bush del dopo 11 settembre e che con la linea dura aveva vinto di nuovo le elezioni e perciò adesso che ne sarebbe stato adesso di tutti i loro sogni di espatriati italiani che cercavano di farsi una vita nuova in questo nuovo continente dove avevano sperato di vivere per sempre felici e contenti? E che potevano fare loro adesso se non stringersi tutti insieme davanti alla tv in quella primavera australe del 2001 con gli occhi spalancati il cuore in subbuglio e in silenzio accettare la vittoria prevista della destra, che potevano fare se non mangiarsi un piatto di pasta, sempre squisita sempre rassicurante ma la politica, maledizione! stava peggiorando a rotta di collo...

*

Incolto e abbandonato per parecchio tempo, abbellito poi da un albero d'arancio che fa frutti due volte all'anno, con il restauro del castello il giardino davanti subisce di conseguenza un'operazione chirurgica notevole.

Nelle mani di Maurice, l'amico giardiniere poeta e fotografo, quel rettangolo di terra spesso pieno di erbacce, interregno tra la strada e l'abitazione, viene trasformato in un angolo della via Appia, una via Appia senza i pini marittimi, con due siepi di rosmarino invece che di alloro e con il sentierino sghembo che porta all'entrata del castello fatto di pietre arenarie locali *gang sawn* invece di quelle basaltiche usate dagli antichi romani. Una via Appia all'australiana. Così gliel'aveva descritta Maurice quando con grande entusiasmo cercava di farle immaginare e approvare il progetto.

Adesso poi con *The Angel Wing*, la scultura di ferro arrugginito che Amit ha disegnato e novello vulcano ha piegato rovente al suo volere nel garage di Wonderland St. Bondi, il castello ha anche una protezione celeste. L'ala dell'Angelo è uno schermo leggerissimo ma imponente, tutto curve quasi trasparente, posizionato all'inizio del vialetto un po' di sbieco così che la via verso la porta d'entrata non è diretta, sempre per i fantomatici e possibili futuri acquirenti cinesi.

Al centro del giardino l'albero d'arancio regna incontrastato davanti alla triplice finestra. Per la donna rappresenta l'Albero della Vita, australiano certo! ma le ricorda sempre quello magnifico che lei ha ammirato nella Cattedrale di Otranto, mosaico magico in cui si fondono monoteismo e politeismo, simboli religiosi e simboli mitici, astrologia, ciclo bretone, figure animalesche fantastiche, persino un Alessandro Magno che ascende al cielo sopra due grifoni. Certo questo albero non fa frutti dodici volte l'anno come vorrebbe l'Apocalisse ma è sempre pieno di foglie verdissime e nelle giornate calde lei si siede volentieri al riparo della sua ombra. Si sente protetta. Il profumo di zagara e quello del rosmarino si fondono, la luce del mattino l'illumina tutto e dà forza alle arance che crescono a profusione.

I vicini curiosi vengono invitati a prenderne quando sono mature, uno studente ci fa la marmellata, un'amica le usa per le torte con le mandorle, la donna le preferisce in insalata con olive e finocchio.

*

L'appartamentino costruito al posto della lavanderia è la grande novità.

In parte scavato nella pietra arenaria con lavori ciclopici per evitare infiltrazioni d'acqua, s'affaccia sui tre giardini di dietro ed è ombreggiato dal bellissimo albero di felce cresciuto solo in pochi anni ma si sa, in Australia tutto cresce molto in fretta.

Una grande stanza con grande vetrata, angolo cottura, bagno generoso. Vi si accede dalla stradina laterale ora rimessa a nuovo, lastricata con mattoni antichi.

È perciò separato dalla casa principale e per questo, ma anche per necessità, la figlia ci si insedia dopo essersi lasciata con il fidanzato del viaggio del deserto. Tutti molto dispiaciuti per la separazione, la madre specialmente, il ragazzo è figlio di suoi cari amici, con loro si divertivano a chiamarsi consuoceri, per lei era un po' ritrovare una famiglia che in Australia non aveva, ma la tragica morte del padre della figlia ha lasciato un segno profondo nella ragazza e probabilmente fatto venire alla luce differenze con il fidanzato che già esistevano e che in quella situazione sono diventate irriconciliabili.

Perdita del padre, perdita del fidanzato di cinque intensi anni, la figlia si chiude in se stessa. Di nuovo la madre si trova in acque agitate, di nuovo ha difficoltà a navigarle. Si è creata una distanza tra di loro che a lei sembra insormontabile. Il padre ora è la distanza tra loro.
La sua morte ha privato la figlia della possibilità del riavvicinamento, dopo tanti anni di separazione. Per via della madre e delle sue passioni.

Doveva seguire il suo amante poi diventato secondo marito, doveva rimanere all'estero anche quando non c'era più la ragione principe per farlo? Non ha pensato alla figlia, ai suoi affetti, alla sofferenza delle sue separazioni? Questo la madre crede che si agiti nella mente della figlia che si rifugia in un silenzio preoccupante, la madre non riesce a riempirlo. Ha paura di parlare. Di dire la cosa sbagliata che riaprirà ferite e recriminazioni.

Il rimpianto per quello che avrebbe dovuto capire la perseguita. Si affanna perciò a preparare pietanze appetitose lasciate spesso intoccate dalla figlia sul tavolo di fronte alla vetrata, le suggerisce libri di meditazione, la invita a uscire, a incontrare amici, a fare passeggiate, a fare un viaggio. Il mutismo nei confronti della madre dura parecchio tempo e le recriminazioni sotterranee si fanno sentire nel silenzio e nelle poche conversazioni stentate. L'appartamentino le fornisce un nido caldo in cui finalmente svernare il lutto.

La madre è contenta di aver provveduto almeno a quello.

*

CBD tarda mattinata, grattacieli della City scintillanti sotto un sole primaverile.

Il ritorno a Busby della figlia coincide per la donna con il ritorno nel suo immaginario delle ombre del suo primo e anche del suo secondo marito.

Non che se ne fossero mai andati ma adesso sono presenti come figure in cinemascope. Le viene in mente, un giorno che gira senza meta un po' persa per la City, un film di Woody Allen in cui la faccia della madre ingigantita gli compare in alto nel cielo di New York mentre stralunato passeggia tra i grattacieli.

Perchè tutti e due i mariti?

La morte li accomuna, non importa quanto diversi, assolutamente diversi fossero, quanto diverso è stato il suo amore per loro. La morte con cui lei ha dovuto fare i conti per ben due volte con i suoi strascichi di enorme sofferenza.

Sin da piccola ha avuto sempre paura di morire. O meglio di ammalarsi di una terribile malattia e poi morire. Era certo la tubercolosi giovanile di suo padre, guarita miracolosamente si bisbigliava a porte chiuse e mai in presenza dei bambini, anche se però loro tre, se lo sarebbero detto in seguito, avevano percepito che c'era un tabù in casa che riguardava la salute del papà. Lui si doveva sempre riposare, mai prendere freddo e se gli veniva la febbre era una gran preoccupazione per tutta la famiglia.

Con il tempo, la donna aveva sviluppato il desiderio di affrontare questa paura. Consciamente o inconsciamente la combatteva e la vinceva quando si ribellava da adolescente ai voleri autoritari e tradizionali di sua madre sull'unica figlia femmina. O quando studentessa universitaria si dedicava anima e corpo alla rivoluzione e sentiva che avrebbe potuto morire felice sulle barricate, poncho rosso e pugno chiuso.

Il coraggio che, secondo la medicina cinese, risiede nei polmoni, organo di raccolta anche del sentimento di perdita, lutto e quindi morte, era capace di sconfiggere la paura, l'annullava, la rendeva ridicola, meschina.

In Australia poi, gli orizzonti infiniti, la profondità dell'oceano, il bush a perdita d'occhio, la saggezza antica degli Aborigeni e l'equanime sapienza orientale, le hanno offerto un nuovo modo di lenire il dolore, di vedere in maniera diversa la contrapposizione vita-morte. Dualismo drammatico e, a pensarci bene irreale, perchè immaginato spesso come due entità compatte e separate, quando nella realtà tutto cambia e si trasforma ogni millesimo di secondo, anche dentro di noi, anche noi stessi cambiamo continuamente. Polvere eravamo e polvere ritorneremo? Parte del grande ciclo ci mescoleremo, atomi vaganti, assieme alle foglie, alle farfalle, ai gamberi, ai cristalli, alle nuvole del cielo, Bateson le risuona dentro con la sua poetica scientificità.

Perchè questi pensieri proprio ora?

Divagazioni, sì divagazioni che consolano, la donna se ne rende conto guardando indifferente le vetrine dei negozi, tutte luci e colori. Divagazioni che l'aiutano come al solito nei momenti oscuri. Come questo. Non riesce ad affrontare la difficoltà reale del suo rapporto con la figlia, sempre molto amata ma spesso non capita nel profondo.

Così si dice. Poi, una scossa al torpore e via di corsa fino a Central Station. Sta facendo tardi. L'autista del 378 molto gentilmente tiene le portiere aperte, arriverà in tempo a Busby per la lezione privata, per fortuna.

*

Il ritorno della figlia a Busby comporta anche un nuovo cambiamento nel pur fragile equilibrio del dopo ristrutturazione.

L'attrice a malincuore accetta di lasciare il monolocale, si trasferirà da amici a Bondi in attesa di trovare un appartamentino tutto per sé.

Qualche lacrima, varie tazze di tè, manterrà, promette, i contatti con la famiglia.

La madre si dà molto da fare. Consigliata anche dall'amica di famiglia che ha un occhio per l'arredamento, comincia a spostare dai piani di sopra mobili e oggetti in eccesso che potrebbero piacere alla figlia e che mancano nel suo austero bagaglio arrivato dall'appartamento di Bronte Beach che condivideva con il fidanzato.

Il fratello gironzola, all'apparenza indifferente, su e giù tra i vari piani del castello. La sorella è parecchio più grande di lui e forse gli mette soggezione. Sente che ha seri problemi ma non sa cosa dirle. Sta spesso per strada a giocare a pallone con l'amico Sean, proprio davanti al vialetto che porta giù al monolocale, così controlla quello che succede. Segue tutto, dice poco.

Dorian va spesso giù nel monolocale a trovare l'amica con cui ha mantenuto negli anni un rapporto di confidenza molto stretto, la madre pensa che lui ne sia stato innamorato e forse lo è ancora. Parleranno, immagina, di yoga, di meditazione, di arte. Non di amore, quello per il momento è un argomento chiuso per la figlia.

Una serie di amici, soprattutto amiche fidatissime si alternano al suo capezzale quando la ragazza si sente molto giù e non ha voglia di uscire, di fare nulla.

Dopo un po' di tempo, che però sembra eterno alla madre, si capisce che un varco di luce si sta facendo spazio nel suo cuore. Si sente meglio o almeno, data una scossa all'inerzia e al negativismo paralizzante, ricomincia a prendere in mano la sua vita. Esce a volte (finalmente!) e con gli amici va alla spiaggia, va a fare passeggiate. Si riconnette con discipline che la dovrebbero aiutare a riprendersi: ritorna allo yoga, alla meditazione e poi comincia a fare psicoterapia. Finalmente riesce a tirar fuori e a depositarlo nelle braccia di un'esperta, il peso, troppo grande per le sue giovani spalle, che la morte del padre le aveva imposto. Ricomincia a sperare.

Parla di viaggiare, comincia a fare progetti, si consulta con un' amica con cui fa yoga.

Decide infine di andare in India, paese amato e frequentato regolarmente da suo padre per via del suo business di oggetti di antiquariato e i suoi reportage fotografici.

La madre gioisce di nascosto.

*

Serata invernale, salone illuminato soltanto dal candelabro di nonna Vittoria.

I preparativi sono stati frenetici

un dentice con l'occhio spento

una pistola verosimile

un vassoio antico per il pesce

tavola apparecchiata

cibo a strafottere

musica inquietante

sangue finto

varie macchine fotografiche

una videocamera sul cavalletto

un nonno italiano panciuto d'altri tempi

un giovane di bell'aspetto con baffi malavitosi

una cameriera svampita.

L'esame di maturità, il temuto HSC, si avvicina e il figlio che non si è mai dato da fare nella sua carriera scolastica adesso si impegna nell'unica materia che lo appassiona veramente. Produce e sta girando un cortometraggio in bianco e nero sul tema della mafia italo-australiana in Australia.

Ha coinvolto la famiglia del suo amico Antony, il padre piastrellista, il nonno pensionato e lui Antony o Antonio un bel ragazzo che seguirà le sorti del padre e si metterà dopo la maturità in società con il genitore.

La madre è contenta, sa che il figlio ha un buon occhio e che i tanti film visti insieme gli hanno dato una cultura cinematografica preziosa. I suoi riferimenti, sembra alla madre, sono un misto di grandangoli spinti alla Orson Welles de *Il processo* dove il semplice abbassamento del soffitto del Palazzaccio di Roma creava un'atmosfera claustrofobica e di gangster stories alla Martin Scorsese. Non dice nulla per non irritarlo, non dà consigli anche se vorrebbe, vede che è molto nervoso, ha poco tempo, si è ridotto all'ultimo minuto "all'italiana", mentre in Australia l'anticipo è d'obbligo. Un grembiule corto sopra un vestito nero, perfetta cameriera, la donna mette il pesce sul vassoio e si prepara ad entrare in scena, una scena brevissima, il pesce è il simbolo del tradimento che va pagato con la morte. Attorno al tavolo i protagonisti si scambiano le ultime parole a voce strozzata poi uno sparo e il vassoio si riempie di sangue. Il candelabro di nonna Vittoria riflette ombre sinistre e molto angolate sul soffitto e sulla parete dietro al tavolo.

Alla fine ma proprio alla fine il figlio si è ripreso: ha cominciato a studiare, ha recuperato tutto il possibile dopo anni di disinteresse e di dedizione al Dio Calcio. Si è cominciato anzi a interessare un poco alle materie che doveva studiare.

La madre tira un sospiro di sollievo. La sua ansietà, la preoccupazione per questo figliolo senza padre le sembrano adesso ingiustificate, un brutto sogno da cui si è svegliata. Sente che finalmente un peso si è sollevato dalle sue spalle. Si rilassa e si diverte dietro le quinte a seguire lo svolgersi di questo intricato film noir.

*

La nuova scala adesso dà luminosità al corridoio.

Disegnata da Amit e costruita su misura da un artigiano iraniano professore in cattedra quando misura gli spazi e sceglie la qualità del legno, tra uno scalino e l'altro lascia intravedere l'entrata al salone, il terrazzo celeste e al di là il mare scintillante. La ringhiera è di fili di metallo col passamano di legno chiaro, aperta davanti e dietro, la scala è una scultura leggera nel mezzo del corridoio, ogni scalino si apre su una visione diversa, diversa anche a seconda dell'ora del giorno e quindi della luce, ogni volta spinge a riflessioni diverse.

La donna ci si siede una mattina all'alba per leggere e rileggere la lettera che sua figlia, in viaggio da poco, le ha mandato dall'India, prima tappa un corso intensivo di yoga a Rishikesh durante il Kumba Mehla.

Finalmente, dopo un periodo di chiusura e di sofferenza, la ragazza è riuscita a tirarsi fuori dalla tristezza. Ha deciso di approfondire con bravi maestri il suo interesse per lo yoga. Vorrebbe specializzarsi e in seguito cominciare a insegnarlo.

La lettera ha molto commosso la madre, la conserverà per sempre. Le sembra che finalmente un varco si sia aperto e che in lontananza l'affetto reciproco che c'è sempre stato, sommerso negli ultimi tempi da pesanti tragedie, ritorni a brillare.

Molto dolce la figlia le descrive il corso che sta facendo insieme a una sua cara amica, parla con entusiasmo dell'India, dell'ashram dove si trova, si sente bene, in sintonia con il mondo attorno. Ci resterà per un mese e mezzo. Ha preso la decisione giusta pensa la madre. Il viaggio non come evasione ma come approfondimento sembra stia dando i suoi frutti. L'accettazione dell'inevitabile, del tragicamente accaduto è un percorso lungo i cui tempi dipendono anche da come siamo e come siamo abituati ad affrontare gli eventi, la madre lo sa bene. Sa anche che nella sua giovane vita la figlia ha già affrontato molte prove difficili, il celiachismo, la separazione dei genitori, l'allontanamento dall'Italia, l'adattamento a paesi diversi, così spera che riuscirà ad elaborare, nel silenzio meditativo, la perdita del padre. La lettera è un buon inizio, un regalo bellissimo per la madre che se la stringe al cuore.

La luce rosata crea strisce di arcobaleno sul muro del corridoio, le piace ora questo corridoio che le aveva dato tanti problemi prima delle ristrutturazioni. Finalmente.

*

Una serie di amici della figlia si avvicendano nell'appartamentino ex lavanderia da quando la ragazza ha deciso di mettersi a viaggiare. Alcuni pagano l'affitto, altri stanno per pochi giorni e la madre è contenta di ospitarli. Alcuni sono molto precisi e lasciano tutto in ordine, altri invece un casino, a volte la madre lascia passare, a volte no.

La gestione quotidiana di Busby ristrutturata impensierisce la donna. Tra i figli, gli inquilini, l'università, le lezioni private e gli altri tanti interessi che cerca di inseguire, ha sempre poco tempo per occuparsi delle cose di tutti i giorni: fare le lavatrici, spolverare, lavare per terra, pulire bagni e cucine. Soprattutto non ne ha voglia. Non l'ha mai fatto veramente. Da sempre nella sua vita c'è stata una donna delle pulizie. Nella casa di famiglia, nelle case con i mariti, a Roma o all'estero, sempre qualcun' altra, sempre una donna, donne dalle vite spesso travagliate, donne spesso sagge e piene di risorse, donne interessanti per lei, donne a cui da bambina e poi adolescente era molto attaccata, le donne di servizio sono quelle che si sono sempre occupate dei suoi bisogni primari.

Pazzesco! Voleva fare la rivoluzione, voleva cambiare il mondo, risolvere i problemi dell' umanità ma le lenzuola se le è sempre fatte lavare da qualcun'altra!

Non sa bene come fare a mantenere in buone condizioni il castello appena ristrutturato, pulirlo a fondo, veramente a fondo. Da dove cominciare?

Persino durante il periodo della malattia di Giacomo, quando il *Welfare* australiano si prodigava in mille modi per aiutarla offrendole babysitting per il bambino, spesa, pranzi pronti, accompagnamenti in macchina all'ospedale, ecc. ecc. l'unica cosa che lei ha accettato con entusiasmo è stata la pulizia della casa. Quella proprio non riusciva a farla. Soprattutto i pavimenti!

Eppure adesso legge le poesie di Thich Nhat Hanh sul come meditare facendo le faccende domestiche e riuscire a gioire nel farlo. Non è poi la casa, la cura della casa, una metafora della cura del dentro di sè? Allora è proprio quello il suo problema. L'esterno come scappatoia!

Cerca un compromesso.

Tramite amici, impiega due volte a settimana Norma, una donna cilena dolcissima, madre single con due figli a carico. Le pulirà bagni e cucine e sì anche i famigerati pavimenti. Lei però la sera farà i piatti recitando:

Present Moment

Wonderful Moment

*

Oltre all'interno Busby necessita ora di manutenzione anche all'esterno.

Sembra che quando si cominciano a fare lavori da una parte sia poi necessario ristrutturare tutto il resto. Come nella vita d'altronde. Per raggiungere un nuovo equilibrio dopo che quello precedente è stato spezzato.

La parte nuova di dietro del castello, i tre piani dipinti nella stessa tonalità della pietra arenaria della parte antica, a contatto con i venti e la pioggia sferzante che a volte arrivano dal sud, ha bisogno di continui ritocchi. Anche gli infissi delle finestre e delle vetrate di mogano non verniciato, devono essere oliati in continuazione e le balaustre dei terrazzi si scolorano se non sono riportate periodicamente al famoso celeste tropicale.

È così. C'è bisogno di un *handyman*. Se non si vuole che in un paio di anni l'esterno del castello, la parte di dietro cioè, si invecchi precocemente. La parte antica, di pietra, quella vivrà in eterno ma il resto, fatto di materiali moderni altamente deperibili, deve essere curato in continuazione.

Conti alla mano, la donna capisce che non potrebbe permettersi di pagare l'aiuto anche di un'altra persona ma non ha alternative. La scelta cade su un amico di un operaio che ha lavorato alla ristrutturazione lunga e dolorosa. L'operaio è greco, l'amico è russo, chiassoso e frettoloso. Non si sa mai quando può venire a fare i lavori, disdice gli appuntamenti in continuazione, poi piomba senza avvisare quando magari nessuno è in casa e improvvisa il da farsi. A volte ci piglia, a volte no e lascia fuori un qualcosa di importante, per esempio una perdita d' acqua dal terrazzo al terzo piano penetrata nel soffitto del soggiorno. Un vero disastro, per due settimane un catino di raccolta delle gocce inesorabili fa bella mostra di fronte al divano bianco del soggiorno.

La donna a volte pensa che dovrebbe cercare un'alternativa al russo, ma non ha tempo nè voglia di dedicarcisi e poi il russo è simpatico, allegro, piace ai figli. Così tira avanti.

Ma non è finita.

E i giardini davanti e di dietro? Si curano da soli? Il prato davanti, l'albero d'arancio, la siepe di rosmarino, le piante bellissime dei giardini di dietro? In poco tempo e con il clima subtropicale possono trasformarsi in una giungla. Anche qui nuove spese!

Su consiglio di un'amica, un giardiniere di zona, libanese questa volta giovane e sorridente, si occuperà di tagliare l'erba ogni due settimane e di potare quando necessario alberi e cespugli rigogliosi. Preciso il giardiniere, fa esattamente quello che gli è stato richiesto, è molto affidabile, i suoi conti però sono abbastanza salati.

E così le spese per Busby ristrutturato aumentano a vista d' occhio. Il mutuo si dovrà estendere.

*

Come fa di solito quando le preoccupazioni aumentano, la donna si distrae con una nuova appassionante avventura.

Questa volta accetta l'incarico da parte della FILEF, un'associazione italiana di sinistra che opera anche in Australia, di coordinare un progetto ecologico che le sta molto a cuore e che riguarda il cibo: promuovere tra gli italo-australiani di Sydney, soprattutto la generazione immigrata negli anni '60, prodotti organici minacciati dall' arrivo sul mercato di quelli OGM.

La pagheranno, poco ma la pagheranno e questa è la scusa che si dà per prendere ancora un altro impegno.

Sin da quando la figlia aveva un anno e aveva sviluppato il celiachismo, la madre era stata costretta a studiarsi tutti i prodotti alimentari che comprava per vedere se, nascosti dietro la solita pubblicità accattivante e bugiarda, contenessero il glutine. Così la parte 'ingredienti' sulla confezione era l'unica cosa che leggeva molto attentamente e si era fatta perciò un'esperienza notevole nel campo.

Concluso l'accordo con la FILEF, la donna si butta nel progetto con entusiasmo. Entra in contatto con associazioni ecologiste australiane, con gruppi anti OGM, con i Verdi, membri della FILEF fanno parte del suo gruppo di azione.

Il soggiorno di Busby si riempie piano piano e in maniera sempre più caotica di volantini, manifesti, cartelli, comunicati stampa per le radio locali, di attivisti che propongono sempre nuovi piani d'azione, si preparano scalette per le assemblee e i dibattiti. L'argomento è una novità e incuriosisce gli italiani di Sydney, in maggioranza stanziali a Leichhardt, Five Dock, Haberfield. Una bella esperienza gli incontri pubblici per la donna che alla fine delle riunioni si sente spesso raccontare storie di vita incredibili. Spesso di sofferenze ma anche di successi.

Si decide che la campagna ecologica sarà conclusa da un grosso evento, la cena bio preparata dal viceconsole italiano, ottimo chef, si mescolerà a presentazioni di esperti e a musica dal vivo con il Vento del Sud, un complesso di espatriati recenti.

Ottimo cibo, ottima musica, proposte di azione futura molto convincenti. Si spera.

Una grande soddisfazione per tutti.

Il materiale stampato per il progetto viene poi accuratamente selezionato, in parte conservato negli archivi FILEF, in parte distribuito tra gli attivisti, in parte riciclato.

La donna può finalmente riprendere possesso del suo soggiorno e sdraiarsi beata sul comodissimo divano bianco senza essere sopraffatta da tonnellate di carta stampata.

Torna il silenzio, ci si accorge di nuovo del profumo del caprifoglio, dell'oceano in lontananza, dell'albero di felce che spunta dal giardino. L'ordine regna sovrano a Busby.

Almeno per il momento.

*

La figlia dopo l'India e un breve ritorno a Sydney, s'invola per l'Europa, Italia naturalmente ma anche Svizzera e Inghilterra. Sta seguendo sempre più intensamente corsi di yoga e di meditazione, le fanno bene e si sta specializzando, la madre intuisce che l'affascina adesso la vita dei monasteri. Potrebbe essere la sua vita futura le sembra voler dire quando le racconta al telefono le sue novità. La madre si agita e, dopo tante notti insonni, prende la decisione di parlarle apertamente nella prossima telefonata.

Ha da poco compiuto trent'anni la ragazza, bella festa a casa degli zii a Roma, terrazzo con vista su S. Pietro, il cugino e le cugine affettuosissimi, l'Italia l'affascina e le manca, specialmente quando deve ritornare in Australia. In una lunga telefonata oltreoceanica racconta alla madre della famiglia romana, degli amici e, come la madre prevedeva, anche del monastero inglese in cui ha fatto un lungo corso di meditazione buddista con i maestri più interessanti che l'occidente può offrire. Le piacerebbe passare un lungo periodo lì e poi forse… chissà….

La madre ansiosa la interrompe e le fa un discorsetto preparato nelle notti insonni. Non sa mai se quello che dice è la cosa giusta ma in questo caso sente nel profondo di dover affrontare quello che è un nodo cruciale nella vita di una donna: la maternità. Così le dice a bruciapelo ma con un po' di batticuore che la suora buddista la può fare a qualunque età, i figli no. Adesso deve cercare di capire, per evitare di pentirsene in seguito, se sente il desiderio di maternità.

Silenzio dall'altra parte del telefono, la madre capisce che ha forse colto nel segno. La figlia ci pensa e non risponde. Silenzio. La madre cambia discorso.

Ne parleranno ancora in seguito, si augura la madre.

*

La stanza del figlio, una mattina.

In medio stat virtus recitava Orazio al liceo Lucrezio Caro.

La stanza di mezzo al piano di sopra, illuminata ora da una seconda finestra, diventa di giorno, quando il figlio sta a scuola e lei non va all'università, la stanza delle sue riflessioni, la stanza della scrittura.

Lì è posizionato, proprio sotto la finestra di destra da cui allungando il collo fuori dalle mura di pietra si può vedere una striscia di mare, l'unico computer della casa, il bellissimo nuovo rivoluzionario iMac Bondi Blue.

Lì la donna si sente protetta e concentrata. Passa sopra al disordine lasciato dal figlio, ai cadaveri dei suoi vestiti smessi, ai libri ammucchiati e trascurati, ai suoi minuti disegni a china di guerre stellari, alle sue innumerevoli magliette e scarpini da calcio e si mette al computer.

Lì ha ricominciato a scrivere dopo tanti anni delle poesie. Ha già trovato un titolo che le piace molto, "Austranauta". Saranno ricordi e emozioni presenti e passate, l'Australia e l'Italia che si mescolano, imparano a convivere dentro di lei. Almeno così spera. Dopo anni di lacerazioni, di conflitti estenuanti, di scelte mai definitive, Sydney-Roma, Roma-Sydney, ora si sente più tranquilla. Sta a Sydney, per il momento. Ora vive nel castello restaurato, i figli ormai cresciuti, un lavoro precario ma sempre annualmente rinnovato. Ora accetta di più la sua condizione di donna ondeggiante tra due lingue e due culture, alcune perdite, alcune conquiste. Si guarda intorno e si rispecchia nella gente che vede per strada, le sembra di capire la sofferenza ma anche la ricchezza che legge negli occhi degli altri, la loro storia complessa.

*

Tra una lezione e un'altra un pomeriggio la madre riceve una telefonata inaspettata dalla figlia. Convenevoli, conversazione sulla vita a Londra, le amiche australiane espatriate ritrovate. E i progetti futuri? domanda la madre. Qui un po' di esitazione.

Poi la bomba. Ha conosciuto in un monastero nel Sussex Nolan, un ex monaco buddista che le piace molto e con cui si è messa da poco. È convinta che piacerà anche alla madre. Torna in Australia tra qualche settimana e lui la seguirà subito dopo.

Qualcosa si è sbloccato nel cuore della figlia.

Il dolore per la perdita del padre che le impediva di aprirsi alla vita, che le richiedeva continua disciplina fisica e spirituale per non darsi alla disperazione, sembra sia attutito. Lo scorrere del tempo allenta le tensioni, le scioglie, il ciclo di vita che si ripete giorno dopo giorno, la donna l'ha provato, crea una distanza progressiva dal dolore originario così che lo si può osservare senza sentirsene ingoiati.

Una vita nuova.

La donna incomincia a immaginare mille scenari futuribili tutti diversi tra loro, tutti positivi, tutti con lo stesso finale da romanzo rosa, si domanda che tipo sia questo giovane che ha preso il cuore della figlia, comincia a ripulire l'appartamentino, lo vuole abbellire, rendere accogliente.

Sempre la solita inguaribile romantica, l'autoironia non le manca per fortuna, tradizione di famiglia si dice mentre con spazzolone e acqua saponata cancella dal pavimento le orme degli ultimi ospiti disattenti.

*

Nel giardino di dietro c'è adesso, al terzo livello che confina con i garage, tra le piante selvagge che crescono a dismisura, uno spazio abbastanza grande, mattonato artisticamente da Maurice, l'amico giardiniere. Lì adesso al centro c'è una bella vasca con papiri, fiori di lotus e pesci rossi, lì ci sono anche due sdraio per riposare all'ombra nelle giornate infuocate, lì la donna si ritira quando vuole rilassarsi e abbandonare per un momento il continuo movimento che le sembra a volte abiti il castello. Il figlio la raggiunge, una mattina ancora fresca, si siede accanto a lei, pochi minuti di silenzio, la madre capisce che vuole parlarle.

Tornato di recente da un lungo periodo in Italia, il figlio le confessa che ha deciso di non iscriversi subito all'università, come vorrebbe la madre seguendo la tradizione di famiglia, di abbandonare il sogno di diventare un campione di calcio, come aveva voluto lui appassionatamente per molti anni e di dedicarsi invece ad un progetto che lo entusiasma al momento. Vuole creare una compagnia di eventi.

La madre lo guarda di sottecchi. Ha da poco compiuto 18 anni, festa memorabile, la madre gliela ha organizzata contro il suo volere anche se alla fine ne è stato molto contento e l'ha ringraziata, una festa affollatissima con musica dal vivo, un fisarmonicista zingaro sentito da lei per caso una volta nella zona pedonale di Bondi Junction ha suonato motivi italiani, francesi e spagnoli tutti ballabili, tutti nostalgici per la donna e per gli espatriati presenti, dopo la torta con le candeline gli amici del figlio l'hanno portato in un pub, alcool, rito iniziatico all'età adulta dei giovani australiani bianchi.

La compagnia di eventi la creerà con l'amico Jason, amico storico incontrato alla International Grammar School e mai più lasciato.

Con lui ha navigato gli anni delle scuole superiori, concentrandosi molto poco sulle materie da studiare e moltissimo invece sulle attività ricreative che la scuola offriva: un campo da pallacanestro professionale sul tetto con vista della città, campeggi, feste di fine anno, sport, specialmente il venerato calcio. Con lui passava i weekend e le vacanze tra la spiaggia, le gite con gli amici, i ritorni di corsa a Busby o a casa di Jason per vestirsi per la serata: discussioni a non finire su cosa mettersi per far colpo sulle ragazze ai party privati o nei bar dove cercavano di infilarsi anche quando non avevano ancora compiuto 18 anni. In Jason il figlio aveva trovato un fratello maggiore, di poco ma maggiore, un fratello che poteva in parte colmare la perdita del padre tanto amato ma ricordato, lui che aveva appena due anni e mezzo quando il padre era morto, solo attraverso i racconti della madre. Una perdita che aveva riempito di foto, cimeli, penne stilografiche, orologi che il padre collezionava, ma soprattutto mantenendo un contatto affettivo molto stretto con Gino e Robbie, amici storici del padre che per lui erano diventati gli zii del cuore.

La madre guarda il figlio in silenzio, è interdetta. Non si aspettava un cambiamento di interessi così rapido e radicale. L'idea di un business le incute sgomento, non è una tradizione di famiglia, lei non capisce niente di amministrazione e contabilità e non può immaginare come il figlio, uscito appena dalla scuola superiore, possa raccapezzarsi nell'organizzare una impresa senza alcuna esperienza e che cambierà completamente il ritmo delle sue giornate. Non più sveglia all'alba per fare gli allenamenti di calcio dieta sana e niente alcool, ma all'opposto lavorare fino all'alba, dormire di giorno, contatti con centinaia di persone da invitare, spettacoli e musica da preparare, locandine nuove ogni volta. Si chiamerà Pony il suo business e nel biglietto da visita già preparato e che il figlio le mostra con orgoglio, c'è un bel puledro in corsa. Con Jason hanno già fatto il piano di lavoro e preso molti contatti. Andrà tutto bene, vedrai mamma! le sembra dire con un sorriso accattivante.

Ancora per un po' senza parole, la madre si dondola nella sedia a sdraio e percepisce l'entusiasmo e il desiderio di approvazione nelle parole del figlio. Cerca di essere positiva quando parla e di accettare l'inevitabile.

*

Di nuovo un cambiamento.

Agli occhi dei passanti, per i vicini di casa, per gli amici spesso in visita, Busby è sempre una sorpresa. Ogni volta un film diverso.

Questa volta è il ritorno della figlia. Viaggi, esperienze, incontri che l'hanno molto maturata, tutti lo notano, tutti lo dicono quando le fanno i complimenti con brindisi a profusione.

Di nuovo spariti gli inquilini dal monolocale, di nuovo mobili portati giù dai piani di sopra, di nuovo gli amici e le amiche della figlia che si rifanno vedere. Di nuovo la madre che prepara piatti di pasta per tutti, sopra e sotto.

E non è finita. Si aspetta con curiosità, con crescente interesse da parte di tutti e un po' di ansietà da parte della madre, l'arrivo del nuovo fidanzato della figlia. Attraverso conversazioni spezzate e poi riprese più volte la madre si fa un'idea di questa relazione positiva e rassicurante per la ragazza. Nata in un ambiente comune a tutti e due, il monastero di Amaravati, apparentemente uno dei più importanti in Europa per l'insegnamento della meditazione Theravada, sviluppata attraverso la pratica comune e la comunità di intenti spirituali e di vita, sembra avere solide fondamenta.

Molti progetti. Viaggeranno in Australia, poi forse torneranno in Europa, forse in Inghilterra, la figlia ha gli occhi scintillanti, la risata facile e la voce profonda di quando è contenta.

Il figlio come al solito compare all'improvviso, poi scompare, esce dalla sua stanza in pigiama e si fa una scodella enorme di *Weetabix*, ascolta per un po', c'è sempre qualcosa di nuovo da sentire, accarezza i gatti che sono la sua passione, i suoi figli, i suoi fratelli, il saggio Cosmo a volte è anche suo padre. Poi sparisce, ricompare vestito di tutto punto, arrivano gli amici, sparisce di nuovo. È contento del ritorno della sorella, si capisce.

Dorian decide di andare a vivere a Bondi e di affittare uno studio separato per il suo laboratorio di gioielli. Rimarrà in contatto, assicura gli abitanti del castello.

La madre riprende ancora una volta possesso della grande stanza da letto al primo piano.

*

L' arrivo dall' Inghilterra di Nolan porta grande eccitamento nel castello. Finalmente la figlia, vestiti indiani multicolori, capelli ricci a cascata sulle spalle sembra venir fuori da un quadro rinascimentale, ha un'aria leggera. Innamorata. Sale spesso dal monolocale ai piani di sopra, chiacchiera con il fratello e con la madre, racconta di sue avventure in India, in Europa, avventure divertenti, qualche volta preoccupanti, avventure da sola, con amici, a volte con Nolan, un giovane inglese con un bel sorriso, riservato ma attento a tutti e a tutto. Ha tante idee, tanti progetti in mente la ragazza e cerca con lo sguardo l'approvazione del fidanzato, si capisce che insieme a lui può osare. La sua gioia, dopo tanta sofferenza, ha un effetto benefico collettivo.

Finalmente la madre sente che Busby è il castello della Famiglia Felice.

Dalla sua postazione nella grande stanza da letto al piano di sopra, mobilia cambiata di nuovo, comò di nonna Vittoria tavolinetto George V letto con una sola spalliera riportati e rimessi dov'erano stati un tempo, la donna vede tra realtà e immaginazione quello che succede intorno a lei.

Come nei film hollywoodiani degli anni '50 il prato è verde scintillante, il castello perfetto nella sua recente ristrutturazione, una musica romantica è forse Doris Day che canta? trasborda nella strada. A passo di danza, il portone si apre spesso, gli abitanti entrano e escono a più riprese, tutti felici e contenti.

Sopra sotto davanti dietro non ci sono più antri oscuri, buchi neri. La luce penetra dovunque, le tante finestre portano il fuori dentro, l'oceano, gli alberi, il profumo di caprifoglio in prima fila.

C'è un senso di completezza o almeno questo è quello che prova la donna quando sente il chiacchiericcio allegro che proviene dalla stanza del figlio, l'odore della zuppa vegetariana che la figlia, aiutata dal fidanzato, prepara per tutti nella grande cucina, il rumore delle scodelle che si distribuiscono agli amici in visita in mezzo a un gran vociare.

È l'amore che fa questo effetto?

La giovane coppia passa molto tempo nel monolocale, poi escono, passeggiano sulla scogliera, incontrano alcuni amici, spesso mangiano con la madre e con il fratello poi ritornano nel monolocale forse a meditare di nuovo. Emanano un senso di pace e di quiete, nuovo per Busby. Decidono di rimanere a Sydney per qualche mese poi andranno sulle Blue Mountains a lavorare in un centro di meditazione a Medlow Bath, 1000 metri d'altezza, aria cristallina e bush a perdita d' occhio. Il progetto di tornare in Europa sembra lontano.

La madre si rilassa finalmente.

*

È notte fonda.

La porta della sua camera si apre dolcemente, la donna apre gli occhi e Nolan impalato davanti al suo letto le sussurra che alla figlia sono cominciate le doglie. Staranno nell'appartamentino di sotto finché possibile e poi andranno in ospedale. Le fa capire che preferiscono gestire l'evento da soli, la chiameranno quando la bimba sarà nata.

Il ritorno della figlia a Sydney, l'arrivo poi di Nolan, la loro partenza dopo qualche mese per le Blue Mountains, la gravidanza inaspettata della figlia e la loro decisione quindi di tornare a Sydney, sono stati eventi così importanti e susseguitisi in così rapida successione che la donna non li ha ancora elaborati in profondità. Un felice stupore la avvolge.

Adesso poi la nascita della nipotina, una forte emozione.

Rivive le sue gravidanze, sa che è un momento delicato questo del parto perché tutto puo' succedere, ogni parto è un evento a sé, con un processo sempre imprevedibile. È preoccupata per sua figlia. Non riesce a dormire. Si alza, gira varie volte attorno al castello cercando di smaltire l'ansia e di origliare per capire se tutto è ok.

Verso l'alba appena salita in camera esausta e insonne vede la macchina che parte, l'ospedale a quel punto la rassicura.

Ricorda la nascita di sua figlia a Roma in una clinica privata assistita da un ginecologo che all'epoca lei amava incondizionatamente e che poi durante la sua fase femminista criticherà per i suoi modi troppo "all'americana".

Le si erano rotte le acque ma non si dilatava abbastanza velocemente così un'iniezione e via! in poche ore era nata la bimba piccolina e con la testa sghemba per via dell'aspirazione che il dottore aveva reputato necessaria. Ma così carina la bimba! Lei era giovane e molto contenta, il parto era stato un'esperienza straordinaria che poi ricorderà con gioia scatenando l'incredulità e quasi le ire di molte femministe nel suo gruppo di autocoscienza. Loro all'epoca si concentravano sull'aborto, l'obiettivo politico del momento, non certo sulle nascite, considerate esperienze dolorose e spesso imposte, da rifiutare il più possibile. Per lei invece era stata un'esperienza oserebbe dire cosmica, in passato avrebbe detto un miracolo, l'una che si fa due, ma non è una cosa straordinaria?

Il figlio invece era nato a Sydney al *Royal Women's Hospital* a Paddington dopo una giornata anche lì in cui le si erano rotte le acque ma non si dilatava abbastanza e perciò camminate chilometriche con Giacomo per vie viottoli e viuzze su e giù senza sosta per ore tanto che alla fine avevano anche litigato. All'ospedale poi però tutto era filato liscio e loro erano d'amore e d'accordo come non mai. Il bimbo anche lui piccolino era così scuro, ma così scuro! con una macchia nero blu alla base della spina dorsale, si era forse contuso durante la nascita? Rassicurata dall'infermiera indiana, i bimbi scuri di carnagione hanno quel pigmento concentrato che poi si sparge su tutta la pelle, la donna si immerse in una felicità senza confini.

Felice a quel punto, così felice con due figli, una femmina e un maschio, due relazioni due esperienze diverse, che poteva desiderare di più?

E adesso all'alba del primo giorno di vita di sua nipote, lei si prepara a diventare nonna.

Da piccola non ha avuto i nonni vicini, tre erano già morti quand'era nata e l'ultimo, nonno Angelo, abitava ad Ortona e lo vedeva raramente. I nonni le sono sempre mancati. Una presenza più vecchia e più saggia di quella dei suoi genitori, un affetto speciale e senza condizioni.

Così vuole essere una brava nonna, ha 57 anni buone energie e molta voglia di dare tutto quello che lei non ha avuto.

Si lava si veste guarda il sole che sorge sul mare e si mette ad aspettare la chiamata dall'ospedale.

*

Serata calda, terrazzo della camera da letto al primo piano

La nascita della nipotina ha comportato non soltanto per la donna ma anche per sua figlia una rivisitazione del passato.

Gli anni '70 in Italia, la vita comunitaria, la gestione di gruppo della vita dei figli, il sogno rivoluzionario al centro della vita, contrastano nettamente con l'atteggiamento della nuova generazione, genitori consapevoli dell'importanza dei primi anni di vita e perciò dediti totalmente ai figli in quel periodo cruciale a costo anche di notevoli sacrifici nella loro vita personale.

La donna ripensa alla prima seduta di terapia fatta poche ore prima con la figlia. Molto dolorosa per lei. Doversi accorgere che si è comportata in maniera superficiale nei confronti della figlia bambina, che non ha pensato alle conseguenze delle sue decisioni impulsive, è stato difficile e anche imbarazzante. Attivismo militante con pure assaggio delle patrie galere, separazione dal marito e amore libero prima, in giro per il mondo poi al seguito del nuovo amore trascinando la figlia con sé, la scelta di rimanere all'estero anche dopo che tutto era finito, lui se n'era andato per sempre e il grande sogno dell'isola che non c'è svanito in tre mesi di malattia, tutto questo adesso la fa ritornare ai garbugli non risolti dell'infanzia, a lei che si rifugiava nei sogni ad occhi aperti per evitare la realtà che forse non capiva. Sogni che in seguito avevano avuto sempre a che fare con l'innamoramento, con il sentirsi amata finalmente.

Così che la costante della sua vita erano sempre state le relazioni con gli uomini, una storia dopo l'altra e se non c'erano si sentiva mancare. Un vuoto dentro di sé.

La morte di Giacomo, il padre di suo figlio, le aveva dato una bella botta. Non solo la perdita, ma anche la solitudine. Ha dovuto a imparare a esser sola. Ha dovuto, non aveva altra scelta.

Le ha fatto bene doversi scusare con sua figlia. Ha tolto il coperchio ad una pentola in ebollizione. Adesso il tanto accumulato là dentro può uscire fuori e lei può guardarlo. Continuerà. Dopo le sedute con la figlia continuerà a fare terapia individuale. Ancora in tempo.

*

In macchina, alle due del pomeriggio, direzione Busby Parade.

Appena finita la seduta, alla guida della sua Toyota Yaris bianca, la donna si riassume come in un sogno i risultati dei 50 minuti trascorsi con la terapista.

Cinquanta minuti tutti per sè, lontana dalla folla degli amici, dai compiti degli studenti da correggere, i conti da pagare, la spesa, i figli, anche i gatti. Cinquanta minuti che lei pensa valgano tutti la mezz'ora di traffico da Bronte a Neutral Bay attraverso l'Harbour Bridge con vista sull' Opera House sempre stupenda e le due lezioni in più che ha preso volentieri per pagare l'onorario di Jana, la psicologa psicoterapista tedesca.

Ha deciso, vuole fare i conti con se stessa, finalmente.

Così i racconti settimanali, che nei primi incontri sciorinava in maniera spesso meccanica come fossero capitoli della vita di un'altra persona e non le appartenessero, sotto l'occhio attento di Jana a cui nulla sfugge, neanche la sua posizione seduta sulla poltrona o sul lettino, il ritmo del suo respiro, il tono mutevole della sua voce quando narra questo o quello, si trasformano in intensi momenti rivissuti nel presente.

I pianti che sgorgano improvvisi, le nostalgie, i rimorsi, i ricordi belli e quelli dolorosi, si accavallano senza senso apparente, ma le vengono dall'anima.

Ed è lì che lei ha bisogno di andare, di capirsi, di capire il perchè di quei momenti oscuri e incontrollabili che la fanno sentire sola e senza solidi punti di riferimento. Non sono la cultura, le ideologie, le scelte politiche, le scelte di lavoro che la spaventano. Tra quelle scivola senza problemi, le viene facile, quasi naturale. Suo padre sta lì nello sfondo a rassicurarla con la sua mente aperta, la sua conoscenza senza limiti e il suo grande affetto.

La madre invece è stata sempre un problema per lei.

"Ti ho allattata fino a quasi due anni" le raccontava quando era in vena.

Il rapporto ingordo e passionale con la tetta, il calore e l'odore del corpo materno, la vicinanza notturna al letto dei genitori, tutto questo interrotto bruscamente a quasi due anni dalla nascita del fratellino.

"Gracile e prematuro, l'abbiamo messo nella culletta vicino a noi con tanta bambagia intorno per scaldarlo".

Molto occupata con il fratellino, la madre non aveva tempo per la bambina che era cicciotta e piena di salute. E così lei? Spodestata! Con il suo lettino di legno con le asticelle da cui si sporgeva appena sveglia e abbracciava sorridendo il mondo che era poi la sua mamma vicino a lei, trasferita bruscamente una notte, se lo ricorderà per sempre, nella camera dello zio scapolo. Senza spiegazioni, senza parole che almeno lei potesse capire. E durante il giorno?

"Abbiamo preso Marisa, una ragazza di Tagliacozzo che ti voleva tanto bene".

La teneva in braccio Marisa, le faceva le meringhe bianche e profumate, la portava a spasso ai giardini del Quirinale sotto casa. La sostituta. Ma il calore materno, le risate che le risuonavano dentro quando la mamma la faceva saltare sul letto, l'intimità condivisa, lo spazio e il tempo di crescere seguita passo passo, tutto questo non era stato più possibile. O forse la madre non lo riteneva necessario perché neanche lei l'aveva avuto dalla severa e imponente nonna Vittoria. Anche a lei era stato preferito il fratello, lo zio scapolo del lettino di legno con le asticelle.

"Da bambina eri sempre seria, molto seria. Tuo fratello invece era molto sorridente".

Senza parole lei, *Le Mots Pour Le Dire* diceva Marie Cardinal, senza parole per spiegarsi, chiedere, fare i famosi capricci, senza poter piangere e poi ridere complice con la madre, la bambina chiusa nel suo silenzio, aveva sviluppato un mondo interiore fatto di evasioni, di sogni, di favole romantiche. Si era fatta madre da se stessa.

"Comportati da signorina e non da maschiaccio! Rifai i letti ai fratelli!"

È da lì certo, dal rapporto con sua madre che sono nati le difficoltà, il vuoto che a volte sente ancora, la paura dell'abbandono, l'insicurezza esistenziale, la ribellione, la donna lo capisce sempre di più mentre Jana l'ascolta senza parlare.

L'ha sempre saputo tutto questo. In maniera confusa e senza mai fare un approfondimento serio, un quadro preciso, un quadro che la rassicurasse, che le dicesse guarda con amore quella bambina dalle guance cicciotte e lo sguardo pensoso, quell'adolescente sempre critica, da quel dolore, da quella mancanza sofferta originaria è nato il suo atteggiamento ribelle, il suo bisogno di essere amata e la sua voglia di fare qualcosa di importante, di lasciare un segno.

Con la comprensione del suo trascorso nasce anche a poco a poco per la donna, nello studio di Jana dalle pareti con i colori caldi e l'aspetto confortante, la possibilità di comprendere meglio sua madre, sempre amata nonostante tutto anche se in maniera complessa e viscerale, di immaginarla e sentirla nel contesto sociale e culturale in cui era cresciuta, senza padre e con una madre molto autoritaria, e di conseguenza capire le scelte che consciamente o inconsciamente aveva fatto per la figlia.

Non solo. Seduta dopo seduta, ritornano le immagini, piccole foto sbiadite in bianco e nero, una spiaggia, forse Anzio, forse d'estate e sua madre bambina aggrappata con il fratello alle gonne di nonna Vittoria vestita di nero.

Una giovane vedova con due figli piccoli, improvvisamente senza una lira come lei, come lei affittacamere del suo grande e bell'appartamento.

Un ciclo che si ripete.

Sua nonna, sua mamma, lei e adesso sua figlia.

Una catena di donne volitive, ognuna con le difficoltà che la vita le ha messo davanti, ognuna che ha cercato di affrontarle e risolverle come ha potuto.

Questa è l'eredità che sua figlia ha ricevuto e con cui dovrà fare i conti, su cui dovrà riflettere, la madre spera che ne trarrà forza e capacità di trasformarla in saggezza per la sua vita futura.

*

Stanza da letto del figlio, ottobre inoltrato, primavera in fiore.

Di ritorno a Sydney dopo una bellissima vacanza sulle Dolomiti con il fratello più piccolo, la cognata e degli amici, la donna decide di cominciare a scrivere la sua autobiografia, un'altra tradizione di famiglia ricorda all'improvviso.

La sua storia, pensa con crescente entusiasmo, per la varietà dell'accaduto, dei paesi in cui ha vissuto, delle esperienze fatte, potrebbe interessare la sua famiglia ma non solo. È laureata in sociologia, si è sempre occupata della dinamica dei comportamenti umani e dei fenomeni sociali, così pensa di essere, oggettivamente, un caso interessante. Non vuole però fermarsi ai contenuti, all'enumerazione meccanica degli eventi importanti della sua vita. Una autobiografia che racchiuda fatti nudi e crudi ma anche lo sviluppo del suo pensiero e la sua trasformazione di donna avvenuta nel corso degli anni.

Comincia a tracciare ricordi dei momenti piu' salienti, si sente contenta, è un buon esercizio per la memoria, via via i ricordi spera si faranno più precisi e con essi le emozioni che li hanno accompagnati. La terapia che continua a fare con molto interesse l'aiuterà, ne è sicura. Si rende conto che deve trovare un filo conduttore che unifichi la storia, non è facile.

Una mattina di getto trova un inizio sentito.

Oggi mi siedo al computer perché ho capito, scrivo queste parole perché il sangue l'ho versato.

Le cicatrici sono grandi e mi ricordano sempre che la felicità è una decisione.

E adesso ho deciso.

La forma con cui il racconto si svilupperà la occupa non poco.

Tiene a mente un suo vecchio amore, Gertrude Stein e i suoi scritti che riflettono il movimento altalenante del pensiero non ripulito spesso ripetitivo, lo *stream of consciousness* molto usato nei gruppi di autocoscienza di femminista memoria e poi anche gli infiniti labirintici paragrafi di Marcel Proust e certo i più recenti di K.O. Knausgaard o i memoir vulnerabili e senza paura di Annie Ernaux. Uno stile cioè che le permetta di scrivere di getto, cosa che le viene bene quando si sente ispirata e non si ferma a ragionare troppo. Si ricorda che nel corso degli anni ha raccolto in una cartella di stoffa grigia e bianca ormai consunta tutti gli scritti che le è piaciuto conservare, quello che di meglio le è venuto fuori dall'anima. Va a prendere la cartella e rilegge il guazzabuglio di fogli scritti a mano, battuti a macchina o al computer.

Si rende conto che alcuni pezzi abbandonati nella cartella e lì dimenticati da molti anni non le dispiacciono. E forse potrebbero essere inseriti nella autobiografia che dopo un po' assume invece l'andamento di un Memoir o Antologia di una Vita, una collezione di racconti medio lunghi che hanno tutti a che fare con la sua vita. Di cos'altro potrebbe scrivere d'altronde in questo mondo sempre più intrecciato, interconnesso, ingarbugliato, tutt'uno ormai, dove la scrittrice, un tempo rinchiusa nel suo villaggio, nella sua provincia, nella sua nazione e per questo desiderosa di superare con la fantasia i limiti invalicabili della conoscenza fisica, è adesso esposta ai venti di ogni dove, all'informazione più minuta, più stravagante, più orripilante e dove soprattutto la realtà supera di gran lunga la fantasia? "Roma Sydney andata e ritorno" potrebbe essere il titolo. Col passare del tempo si appassiona sempre di più all'idea di mettere insieme una sorta di mosaico, un puzzle scritto in tempi, luoghi e stili diversi.

La discontinuità in fondo è stata la caratteristica della sua vita, prima una grande passione che genera movimento e che poi come una meteora si dissolve per rigenerarsi dopo un po' in maniera completamente diversa. Il filo conduttore non c'è si dice la donna ma, non è forse lo scorrere degli anni l'unico vero filo conduttore? Perché incaponirsi a trovarne uno? Non è in fondo l'anima di ognuno complessa, contorta, fatta di tentativi, di passi avanti e indietro, di oscurità e di illuminazioni che si avvicendano nel tempo?

*

Busby è al suo meglio

porta d'entrata aperta

candeline nel giardino

luci in tutte le stanze

fiori all'entrata

musica dal vivo

e tanta, tanta gente.

Sono passati 10 anni da quando la donna è ritornata a Sydney e oggi compie sessanta anni, incredibile.

Nel salone sul lungo tavolo di vetro cibo in abbondanza, vini pregiati, dolce colossale, il figlio e la figlia non si sono risparmiati e fanno pure due bei discorsi, la madre è commossa.

Ha indossato vecchi jeans con una maglietta nera attillata, unico vezzo scarpe col tacco a spillo francesi bicolori panna e blu $15 da

Vinnies usate ma bellissime e naturalmente la collana di perle, tre fili girocollo regalo di sua madre. È contenta, la serata va avanti tra una lasagna, una chiacchiera, la musica dal vivo, l'incontro con nuovi e vecchi amici riesumati dalle agende del passato.

Molta commozione, molte risate. Non poteva chiedere di più.

Più tardi nelle ore piccole della mattina che già incombe, a letto sotto il piumone, la donna si domanda come si sente a sessanta anni.

Questi 10 anni a Sydney di ritorno da Canberra cosa sono stati per lei? Tante cose fatte, insegnamento universitario, un anno di trasmissioni radio educative, conferenze in Australia, conferenze in Italia, membro del Comitato Italiani all'Estero. Eppure questo è tutto un *doing* come dicono qui. E che ne è del *being* invece?

Molta meditazione e molto yoga, la donna sa che le fanno bene ma non riesce a farli da sola, ha sempre bisogno di un'insegnante, delle amiche come sprono.

I figli sono stati per lei un nodo difficile. È stata una buona madre? Ha grandi dubbi. E per il resto? E ora lei dentro dentro come si sente, adesso?

La vita da sola con due figli in un altro continente l' ha costretta a maturare, non c'è dubbio. Soprattutto i figli, con le loro richieste, le loro critiche, le loro aspettative.

Però altre domande si affastellano nella sua mente un po' stanca.

E ritorna l'eterna incancellabile questione del perché è partita, accompagnata subito dopo dal perché è rimasta?

Sicuramente partita per il desiderio d'avventura, certo per dimenticare la sconfitta politica del movimento.

Ma anche per staccarsi dalla famiglia d'origine in cui pure se cullata con affetto e rispetto si sentiva impantanata, persa sempre nelle storie altrui che giudicava più importanti, più interessanti delle sue. Non riusciva ad essere se stessa, a piacersi per quella che era. A volte c'era un buio dentro di sé ma non si dava mai abbastanza tempo per illuminarlo.

Forse per questo gli spazi, gli enormi spazi assolati dell'Australia tanto l'avevano affascinata all'arrivo, forse perchè rispecchiavano le possibilità anelate dalla sua anima di ricevere luce.

Spazi che necessitano anche di un tempo esteso per essere attraversati, di un tempo che permetta di capire, di crescere, di maturare.

A pensarci bene, il deserto australiano è stato la scoperta più importante della sua permanenza in Australia.

Appena atterrata ad Alice Springs la prima volta con Giacomo aveva sentito che quello era un posto dove avrebbe potuto vivere per sempre. Era l'aria, erano i colori, la sabbia, le rocce, la gente o tutto insieme? L'energia sicuramente, quella terra le procurava una forte energia mista a commozione, una sorta di afflato poetico che difficilmente aveva sentito prima. E che le era necessario per mettersi in contatto con la sua essenza più remota. Si sentiva felice. Avevano viaggiato ininterrottamente per tre settimane, camminato, nuotato nelle pozze d'acqua gelate sotto un sole infuocato, scalato rocce primordiali. Si erano amati molto là. Lei si era sentita sulla luna, in un posto possibile solo nell'immaginazione e per questo fantastico. Voleva sempre cantare, la voce le sgorgava dal profondo e le risuonava nel cuore. Lì era sicura che il figlio era stato concepito, lì era cominciato un periodo molto felice nella sua vita. Tre anni, non di più. Ma tre anni vissuti sempre con la gioia nel cuore e il sorriso sulle labbra.

Così che quando Giacomo era morto all'improvviso, la caduta nel precipizio era stata irrefrenabile e lei si era accorta che le mancava il terreno sotto i piedi. Impreparata, totalmente.

E adesso, a sessanta anni, che si dice in questa notte del suo compleanno, sotto il piumone caldo dove nessuno può sentirla?

Si piace, almeno un poco adesso. Capisce che ha fatto quello che poteva con le conoscenze, la sensibilità, l'esperienza che aveva in quei momenti. Ne ha fatta di strada. Dopotutto ha imparato questo sì l'ha imparato che non c'è un punto di arrivo. E che il cammino è la meta.

*

Serata estiva, soggiorno aperto sul terrazzo.

Spumante a gogo cena fredda veloce, gli amici in tanti sono riuniti per brindare alla vittoria di Kevin Rudd, il nuovo primo ministro laburista. Si festeggerà poi ancora per strada, nei pub, nei club tutta la notte. Molto entusiasmo, molte chiacchiere positive. La donna è contenta anche perché suo figlio ha finalmente accondisceso a uscire con lei e i suoi amici e ad andare in giro a sentire cosa dice la gente, tastare il terreno, assicurarsi che allora è vero, non è un sogno, il governo è cambiato e Howard è stato sconfitto. Per una volta esce con lei suo figlio, questo ragazzone bello e imponente, criniera folta e scura, energia forte, molte ambizioni. Legato adesso a GreenPeace, critica spesso la madre ambientalista *ante litteram* che lui giudica troppo moderata. È in una fase di fondamentalismo estremo, nata dopo aver visto *The Inconvenient Truth* di Al Gore, una folgorazione come quella di S. Paolo sulla via di Damasco. E la decisione di cambiare completamente vita. Basta con Pony, il business creato con il suo amico del cuore Jason, eventi notturni a Kings Cross, musica, alcool, ragazze a volontà, pantaloni e camicie firmati. Adesso vita frugale, attivismo acuto, riunioni settimanali a Erskineville con il guru locale di GreenPeace, training alle Blue Mountains, capelli lunghi, vestiti di seconda mano, cibo vegetariano, molte riflessioni personali annotate nei suoi quadernoni. Parla di fare un viaggio in moto in Africa con Jason e di utilizzare il suo afflato ecologico per portare un contributo alle popolazioni africane indigenti. Prima di partire vuole però dedicarsi a promuovere l'ambientalismo tra i giovani australiani della sua generazione. È molto contento del programma politico di Rudd e per questo ha deciso di andare a festeggiare in città con la madre.

(VOCI FUORICAMPO)

...che finalmente qualcosa stava cambiando, che Kevin 07 rappresentava una speranza finalmente! dopo 11 lunghissimi anni di governo Howard chiusi nel proprio privato, sommersi dai conti del droghiere fatti da Peter Costello Tesoriere ogni sera in tv, che finalmente si vedeva una luce che sforava il buio, che i temi che stavano a cuore ai molti espatriati ritornavano in primo piano perché Kevin Rudd prometteva la firma del protocollo di Kyoto, la riduzione del 60% delle emissioni di CO_2 prima del 2050, lo smantellamento dei centri di detenzione *offshore* per i richiedenti asilo, un computer per ogni studente degli ultimi quattro anni delle scuole secondarie, miliardi per nuove case popolari e eguaglianza sanitaria per gli aborigeni nonché importantissimo! Scuse Ufficiali per averli sottratti da bambini alle famiglie d'origine e costretti all'assimilazione con gli invasori bianchi, che finalmente si parlava di nuovo di politica, di visione per il futuro, un futuro per tutti non solo quelli con i soldi, che loro gli italiani arrivati Down Under negli anni '80 tiravano un sospiro di sollievo perché non tutto era perduto e potevano ricominciare a pensare che avevano fatto bene a trasferirsi dall'altra parte del mondo, che non era stato un errore come spesso avevano temuto negli anni neri di Howard, che si ritornava a pensare di far politica come ai bei tempi, non proprio come allora ma che comunque c'era di nuovo posto nella società, in Parlamento e nei media per temi quali l'ambiente, il multiculturalismo, la giustizia per i gruppi sociali svantaggiati, che c'era insomma ancora speranza...

*

Tarda mattinata, giardino davanti.

Il figlio ha preparato sotto l'arancio quasi in fiore un brunch per la madre appena tornata dal deserto.

Dieci giorni di meditazione alle MacDonnell Ranges, *swag* sotto le stelle, sveglia all'alba, 10 ore al giorno di silenzio tutti immobili seduti a gambe incrociate sul letto disseccato di un antichissimo fiume. Esposti ai venti che infuriano senza pietà o al sole cocente che tutto fa brillare nell'inverno del deserto centrale.

La transizione alla vita cittadina dopo un periodo di solitudine di gruppo, dopo un allontanamento da tutto ciò che è abituale per raggiungere l'essenziale e potersi guardare dentro nel profondo, non è facile e il figlio ne sembra consapevole. La lascia seduta sotto l'albero profumato di zagare e va in cucina a fare le uova strapazzate. La donna è contenta di poter stare ancora un poco in silenzio, si guarda intorno e sente con tutto il suo essere i colori, i rumori, gli odori da sempre conosciuti ora ingigantiti e forestieri. Nella piana desertica si era progressivamente allontanata dal ricordo degli elementi familiari e aveva raggiunto un momento, il giorno sesto, in cui si era sentita equamente distante dalla partenza passata e dal ritorno futuro: un momento in cui era proprio lì in quella piana deserta circondata da colline piene di sassi luccicanti che sembravano parlarle, un momento in cui passato e futuro non avevano più importanza né spessore, un momento in cui sdraiata, si era sentita totalmente presente a se stessa e aveva sentito con il suo il respiro della Terra.

Molto affaccendato con il suo business nuovo di pochi mesi, si chiama Adverto e questa volta tratta di websites, video, foto, documentari, il figlio è contento e spera di mettere da parte abbastanza soldi per poter partire presto. Nella sua giornata pienissima ha però trovato il tempo di andarla a prendere all'aeroporto e di passare con lei un paio di ore, la madre gliene è grata.

Ritorna dalla cucina con le uova bruciacchiate ma speciali per la madre che lo ringrazia e si riempie il piatto, mastica lentamente poi piano piano comincia a parlare. Cerca di dirgli qualcosa dell'esperienza provata, lo vede attento, può solo accennare. Non sa neanche lei come raccontare, non si può raccontare, si può solo provare e questo dice al figlio che incuriosito le promette di andare alle Blue Mountains a fare un weekend di meditazione con Ale, il suo caro amico di Canberra, prima di partire per il viaggio in Africa.

*

Pomeriggio assolato, cucina, attorno al tavolo di marmo.

La figlia e il compagno si avvicinano alla madre che sta preparando la cena.

Appiccicata sempre sulle spalle o sul petto di uno di loro c'è la bimbetta, riccioli bruni come la sua mamma, un vero tesoro. Molto calma, cauta nelle sue scelte e nei suoi movimenti ma irremovibile quando si decide, la nonna l'adora. La tiene spesso adesso ma non appena nata, allora era un miracolo che i genitori volevano godersi in privato, dovevano imparare a conoscerla e a farsi conoscere. Dopo i primi tre mesi la nonna entra in scena, sempre preoccupata di fare la cosa giusta, a poco a poco riesce a trovare una routine ripetitiva che piace molto alla bimba. Due volte a settimana nel grande soggiorno di Busby la donna mette su un tango argentino, sempre lo stesso, prende in braccio la nipotina e si mette a ballare. E poi a terra tutte e due sul grande tappeto persiano, comprato a Canberra insieme all'amica del cuore Patricia, ad arrotolare e srotolare nastri colorati, a far tintinnare insieme i quattro braccialetti di alluminio di Lamu, l'isola del cuore. Il figlio è un po' geloso di queste enormi attenzioni rivolte alla bambina. Per 18 anni è stato il più piccolo della casa e ora si sente spodestato, ma è troppo grande per riconoscere questo sentimento, un po' frustrato ogni tanto sbotta con qualche recriminazione sempre nei confronti della madre.

Senza padri, i due figli hanno solo la madre con cui prendersela e lo fanno spesso, si dice la donna quando rimane calma e non s'infuria.

Adesso guarda la figlia ed il suo compagno con occhi sereni.

Da quando si sono trasferiti non molto lontano, a Birriga Road, sono tutti e due più rilassati.

L'opzione di vivere nella parte grande di Busby purtroppo non ha funzionato. Hanno occupato per qualche tempo al piano superiore la stanza di mezzo e la stanza con il terrazzo ex camera rosa, mentre la madre stava nella grande stanza da letto e il figlio nell'appartamentino nel giardino di dietro. Questa combinazione è durata poco però.

Scale, terrazzi, unico bagno al piano terra, molti spazi aperti e pochissime porte, i servizi in comune, le voci che rimbombano da sotto a sopra, la vita senza orari fissi della madre e porta di casa sempre aperta a tutte le ore, il fratello con gli amici rumorosi, hanno reso difficile la quotidianità della giovane coppia alle prime armi con una bimba piccolissima. La madre avrebbe voluto accontentarli, ci ha provato senza riuscirci. Così loro hanno trovato un appartamento degli anni '30 in una zona tranquilla, 10 minuti a piedi da Bondi Beach, un quarto d'ora in macchina da Busby. Non dovrebbe esserlo ma, anche se lo nasconde e l'accetta in superficie, il loro trasferimento è stato un dolore per la madre che lo vede come una sconfitta personale. Sa che è normale che i figli prendano la propria strada da adulti ma li avrebbe voluti avere felici e contenti lì a Busby ristrutturata ancora per un po' così da controbilanciare nel ricordo il periodo nero degli anni passati. Un sogno. Vengono comunque spesso a trovarla, lei gli cucina piatti speciali, sono vegetariani e tra la cucina italiana e quella giapponese macrobiotica lei riesce sempre a scoprire ricette appetitose. Stanno trovando un nuovo equilibrio. Il figlio è contento di andarli a vedere a Birriga Road, è una novità per lui che al momento sta sempre in giro e spera di partire presto.

Oggi sono arrivati in anticipo per la cena.

Hanno avuto un'idea brillante dicono, sembrano molto eccitati.

Dopo qualche esitazione, le voci si accavallano e alla fine l'impensabile, l'inimmaginabile.

Perché non vendere Busby adesso?

Adesso?!? Sì adesso!

Il mercato è buono hanno controllato per benino, ristrutturato dovrebbe valere parecchio e con il ricavato si potrebbero comprare tre piccoli appartamenti, uno per lei, uno per il fratello e uno per loro.

La donna sciocata non risponde, è una specie di colpo al cuore questa proposta, non sa cosa dire.

Dalla cucina attraverso le due aperture che danno sul soggiorno e da lì sulla vetrata, la vista è spaziosa, bellissima. Guarda il mare. È calmo, di un blu intenso tipico invernale.

Il discorso è totalmente inaspettato, la donna si sente impreparata.

Dopo due anni di tregenda, di demolizione, ricostruzione, arredo, riorganizzazione, da qualche anno Busby ha un aspetto magnifico, è un piacere per lei viverci. Ogni giorno aprire gli occhi e ricordarsi che *it's over*, che ce l'ha fatta, è stata dura ma ce l'ha fatta, è una sensazione nuova di leggerezza. C'è solo il mutuo che la preoccupa perché purtroppo è molto aumentato.

Agitata, dice che ci penserà e che ne riparleranno a cena anche con il figlio, adesso deve finire di cucinare.

Tra un soffritto di verdure e una zuppa di fagioli azuki la donna comincia a fare ordine nelle sue idee, una girandola di idee che ritornano sempre al punto di partenza: vendere Busby?!?

È una pura follia, una contromarcia. Busby è la loro storia in Australia, è il caposaldo, l'ancora a cui si sono aggrappati nei momenti più bui, il punto di riferimento a cui si può sempre ritornare. Anche prima dei lavori, rovinato com'era, emanava un'energia calda, tutti ne erano attratti.

Non se ne parla proprio.

Eppure, eppure,.... si è sempre fidata di sua figlia che ha sempre preso delle decisioni sagge. Perché adesso pensa che sia meglio vendere?

Col passare delle ore, figlia, compagno e bimbetta al mare a passeggiare, il silenzio rotto solo da qualche uccello pomeridiano di passaggio, la donna rivede le ristrutturazioni per la prima volta con un occhio diverso. Con un occhio critico.

Con rammarico si rende improvvisamente conto di essersi concentrata soprattutto sull'estetica e di non aver pensato al lato pratico, non ha pensato ad un futuro prossimo, a quando i figli cioè, cresciuti, avrebbero avuto bisogno della loro indipendenza. Ha voluto fare di Busby un gioiello, dopo tanta sofferenza. Ha voluto realizzare il sogno che con Giacomo avevano avuto di una abitazione grande ristrutturata in cui vivere con i figli, all'epoca piccoli, questa nuova vita oltreoceanica.

Tutti insieme.

Ha forse ragione la figlia, hanno bisogno di tre spazi separati, vivere tutti insieme è il sogno della madre, non dei figli?

E poi un'illuminazione, una consapevolezza preoccupante che avrebbe dovuto avere nel passato e che ora vive solo nel tempo del periodo ipotetico dell'impossibilità, del se ci avesse pensato prima.

Avrebbe dovuto ricavare tre appartamenti nel castello! Uno piccolissimo per lei nell'attico, il mini appartamento che già c'è nel giardino di dietro per il figlio e un appartamento più grande con bagno e angolo cottura per la figlia e famiglia al primo piano. In più cucina, bagno, salotto e soggiorno comuni a tutti, al piano terra. Un errore madornale. Avrebbero potuto vivere tutti insieme lì, quella sarebbe stata la loro casa e la loro storia, ma avrebbero avuto tutti e tre i loro spazi indipendenti. La figlia non se ne sarebbe andata e il figlio non partirebbe. Forse.

E lei? Da sola adesso nel grande castello ristrutturato.

Ha speso un sacco di soldi, fatto un grande mutuo per ripagare i lavori e dopo tutto non ce la farebbe mai a ricominciare da capo.

Troppo tardi! Grande agitazione, le verdure sono quasi bruciate, un po' di Mozart per lo spirito, la cena finalmente è pronta.

Attorno al tavolo Frate, brezza di mare che arriva quasi tiepida dopo la giornata assolata, madre, figli e genero cercano di dare un senso alle tante proposte, domande, risposte che si rimbalzano, le voci si accendono, non detti che si sentono nell'aria, rimpianti di quello che avrebbe potuto essere se invece... La donna guarda i figli con tenerezza mista a timore, sente che dovrebbe parlargli lei a cuore aperto, farli sentire a loro agio nell'esprimere le proprie emozioni a proposito della loro storia, di Busby e della sua vendita. Capisce alla frutta che dovrebbe esser lei a tirare le fila. Come sempre un groppo in gola le viene quando deve rinvangare il passato. È sempre stata la donna del futuro, delle nuove visioni, il passato non è mai stato importante per lei e ora più che mai vuole dimenticare. Ma i figli no, i figli sono giovani e vogliono ricostruire la loro storia, Italia, Australia, vogliono sapere e parlare di come sono andate le cose, per poter vivere la loro vita su basi solide, non su sabbie mobili anche se, la donna si dice sconcertata, forse non è un caso che vivano proprio in un castello di sabbia.

Silenzi lunghi dopo tanto entusiasmo e frettoloso parlare. C'è bisogno di tempo per digerire questo possibile inaspettato cambiamento, la donna non ce la fa al momento a prendere una decisione. Ci penserà dice, con calma ci penserà.

E lascia, come spesso le succede, tutto in sospeso.

*

Passa il tempo, tutto è ancora in sospeso.

Deve decidere ma non ce la fa, troppo doloroso, troppi ricordi, troppi rischi. Troppi dubbi.

Appena può la donna si lancia in passeggiate lungo la scogliera, Bronte- Bondi o Bronte-Coogee? 7 km. la prima, quasi 8.5 la seconda.

Camminare le fa bene, specialmente il passo veloce che ritma i suoi pensieri, l'aiuta a sbrogliare le sue matasse mentali. Nei momenti difficili, non riesce a stare ferma, deve muoversi, il corpo si deve stancare, deve sentirsi al centro per dare respiro alla testa in tumulto.

La natura è la sua madre ancestrale. A lei ricorre quando si sente persa, quando ci sono decisioni importanti da prendere.

Ha ricordi assai precisi di

corse sfrenate a Roma sul Lungotevere Flaminio con Laika, la bellissima cagna di famiglia, quando il suo fidanzatino Andrea, compagno di liceo e suo primo grande amore, voleva lasciarla per un'altra e lei non aveva il coraggio di affrontarlo

passeggiate pensose sotto il sole ardente siciliano su e giù su e giù tra i fichi d'India e gli alberi d'aranci, incerta se telefonare o dire di persona al ritorno a Roma ai genitori che la sua strada era ormai inesorabilmente segnata dalla rivoluzione e non dalla religione

fuga dalla tenda e dal campeggio una sera di luna piena a Crotone per raggiungere il castello diroccato dove il suo leader politico l'aspettava per fare l'amore con lei e per chiederle di fuggire in Canada con lui

camminate a piedi nudi sulla spiaggia sotto la casa di famiglia ad Anzio indecisa se accettare di sposare Silvio e vivere una vita 'regolare' o dedicarsi totalmente alla pratica politica

Central Park, New York che la vedeva girellare senza meta in attesa di sapere dall'avvocato se poteva tornare in Italia o doveva rimanere lì con la bambina, clandestine a tempo indeterminato

visite inquietanti al Gap, Watson Bay, Sydney, strapiombo sull'oceano famoso per i suicidi, subito dopo la morte di Giacomo

escursioni serali sulla scogliera di Bronte presa da dubbi amletici: tornare in Italia in seno alla famiglia o accettare il lavoro all'Australian National University di Canberra?

nuotata rinfrescante a Tuross Head, decisiva per l'abbandono di Canberra e il ritorno a Sydney.

La donna si mette in cammino.

Bronte-Coogee è la strada più lunga e per questo lei la sceglie. Forse avrà più tempo per prendere una decisione.

Sulla scogliera a strapiombo sul mare, riesamina quali sono le possibilità che ha davanti: rimanere a Busby e trovare altro lavoro che le permetta di pagare il mutuo sempre più voluminoso. Oppure vendere e con il ricavato sperare di comprare tre piccoli appartamenti, per la figlia, per il figlio e per lei.

Lasciare Busby la strazia. È la storia della sua famiglia in Australia, la storia con Giacomo, la storia di un percorso fatto in comune con tanti espatriati, amici e conoscenti. Non si può cancellare.

La futura solitudine però un po' la spaventa nella grande magione a tre piani, non vuole più affittare stanze e trovare altro lavoro per pagare il mutuo non le va. L'insegnamento richiede tempo e energia e aggiungerne sopra altro a quello che già fa, vorrebbe dire fare male tutto. In caso di necessità poi, non ha il supporto della famiglia in Australia, non può appoggiarsi a nessuno. Da sola con due figli in terra straniera, sembra un *feuilleton* ottocentesco.

Alle volte, esasperata dalle duplici possibilità, sempre due! non per niente è una Gemelli, decide di sceglierne una a caso e per un po' stare con quella, per vedere come ci si sente. Quella che più le rimane dentro, quella sarà la prescelta. A ragione o a torto, si saprà solo in seguito.

*

Primavera avanzata, 11 di mattina, grande cartello nel giardino davanti che promuove la vendita all'asta di Busby.

In anticipo, vestito gessato, profumo leggermente amaro, sorriso smagliante, il banditore arriva e sceglie con sicurezza nel salone il posto migliore dove mettere il tavolino per battere la vendita. Proprio davanti alla grande vetrata con vista sul mare.

Busby è un'opera d'arte.

Oltre alla ristrutturazione ancora nuova di zecca, all'arredamento rivisitato e migliorato, adesso, secondo le direttive dell'agente immobiliare, una giovane alta e slanciata tipo modella australiana o star hollywoodiana, l'atmosfera è arricchita da

un bellissimo quadro aborigeno che getta colori marini sul corridoio

pesci rossi nel vaso di vetro del salotto a scansare la malafortuna del passato

cuscini indiani variopinti sui divani

maschera nigeriana in cucina sopra il tavolo tondo di marmo

xilofono kenyano nella stanza da letto ex camera rosa

gonnellino tinto a mano delle donne dell' isola di Kiriwina appeso tra le due finestre della camera da letto grande proprio sopra il tavolinetto George V di nonna Vittoria

e poi piante fiori vasi piatti pieni di frutta accostata più per colori che per sapori

completano la scenografia.

I proprietari vogliono vendere, a tutti costi a questo punto.

Tante indecisioni, balletti avanti e indietro, ripensamenti, discussioni, consultazioni, la donna alla fine ha capito, ha accettato e si è buttata nell'impresa. Così spera. Non sta un momento ferma, appena presa la decisione non vuole ripensarci, non vuole dubbi di nuovo, vuole fare fare fare. Vuole convincersi sempre di più che questa è la soluzione giusta.

Non sarà più Busby, sarà qualcosa di diverso ma sicuramente sarà una vita nuova senza gli strascichi, i ricordi, le nostalgie che il castello inevitabilmente a volte le rimanda. Soprattutto senza la solitudine che inevitabilmente l'aspetta nel grande maniero adesso che la figlia vive da un'altra parte e il figlio sta per partire per l'Africa.

Alle 12, l'ora fatidica, comincia ad arrivare gente interessata, gente incuriosita, i vicini, gli amici sostenitori, ci sarà uno spuntino e un brindisi a vendita avvenuta.

Il banditore si affanna, voce accattivante, sguardo d'aquila per accalappiare possibili compratori.

Speranze che si accendono, emozioni che si palpano.

E invece no.

Dopo tanti preparativi, la casa non si vende per la cifra che madre e figli avevano convenuto fosse sufficiente a garantire un comodo futuro per tutti e tre. Soprattutto il bagno mancante nella parte di sopra della casa è un grave handicap, secondo molti possibili acquirenti, giovani ricchi, infatuati dall'idea di avere un bagno per ogni camera da letto.

Una delusione cocente.

L'agente immobiliare, salutato e pagato il banditore, si avvicina alla madre e ai figli con sguardo rassicurante. È sicura che Busby si venderà anche se al di sotto del prezzo previsto. Un paio di persone che sono venute all'asta le hanno lasciato i loro biglietti da visita, dicendo di essere interessate all'acquisto.

La famiglia viene rincuorata anche dagli amici, il brindisi si fa lo stesso, lo spuntino pure, i sorrisi ritornano, la vendita sembra comunque possibile e anche imminente.

Si spera ancora...

EPILOGO

Ultima sera a Busby, camera da letto grande al piano di sopra, candela accesa sacco a pelo.

Dopo che tutto proprio tutto

è andato via

nel camion grande dei trasportatori

nel furgoncino piccolo del robivecchi

nelle macchine sua e degli amici

negli scatoloni di chi ha comprato ciò che la famiglia non vuole più

dopo che sono stati riempiti cassoni del Comune

con legni carta vetri plastica e metallo

tutti da riciclare

tutti parte in qualche modo della storia del castello

dopo che i figli gli amici e gli addetti ai lavori se ne sono andati

qualche lacrima molti abbracci e grande commozione

tagliata la corrente il gas solo l'acqua rimasta

dopo che

les jeux sont fait

la donna decide di dormire per l'ultima volta

e questa volta da sola a Busby.

Lei che ha sempre avuto paura a stare da sola in casa la notte e che ha scelto di vendere Busby oltre alle altre più importanti ragioni anche perché sapeva che sarebbe stata l'unica a rimanere nel grande castello di sabbia, questa notte, l'ultima, vuole dormirci per assaporarne l'energia, poterne ricordare in futuro l'odore di pietra antica.

La camera da letto grande è la stanza dove ha passato con Giacomo malato momenti tragici nel futon King size che a lui piaceva tanto, è anche la stanza che, ridipinta, purificata con incensi, fiori e candele, abitata poi da molte persone in successione e finalmente da lei per vari anni e adesso questa sera per l'ultima volta, le ha dato grande gioia. Le piace molto questa stanza, finalmente le piace molto. Eppure ha deciso di darla via.

Come mai ogni volta che le cose sono sistemate e che potrebbe finalmente godersi lo scorrere tranquillo della vita, qualche cosa succede che la spinge a cambiare, a impegnarsi, a buttarsi in una nuova impresa? Una difficoltà a restare ferma, a consolidare quanto già ottenuto, a rafforzarsi, ad accettare che, anche se non perfetto, quello che ha *it's good enough?* È il suo karma?

Eppure no, questa volta non è completamente vero.

Lascia Busby perché ha portato a termine quello che aveva iniziato con Giacomo e che aveva promesso a se stessa e a lui di finire.

Lascia Busby soprattutto perché sente dentro di sé che finalmente può lasciarlo, finalmente ha completato il sogno a due.

Ora deve imparare a sognare da sola.

Non sa cosa succederà nel prossimo futuro, dove andrà, come reggerà questo ulteriore cambiamento. Una canna al vento.

D'altronde, come scrive Pema Chodron, "La verità è che non possiamo evitare l'incertezza. Bisogna accettare che non potremo mai sapere quello che ci accadrà nel prossimo futuro. Questo non sapere è parte dell'avventura della vita".

Si sdraia sul sacco a pelo.

La notte è calma, avvolgente.

Dalle finestre trapela un chiarore che lei spera lunare. Sì, è uno spicchio di luna alto nel cielo. E le stelle, quante stelle!...

Le Vie dei Canti...

Si addormenta di sasso.

Addio Busby, castello di sabbia millenaria sulla collina di fronte al mare, faro nella nebbia dei nostri cuori, ancora di salvezza per noi naviganti alla deriva.

Ci hai dato ristoro quando fuori piovevano lacrime amare, ci hai insegnato ad aspettare il ritorno del sole, ci hai indicato la strada della speranza e del sorriso, del tempo che tutto ripensa e comprende.

Per noi ti sei fatto più bello, per noi ti sei aperto e ora sei luminoso.

Ce ne andiamo col cuore leggero, forti dell'esperienza di vita fatta nel tuo ventre generoso.

Siamo cresciuti, abbiamo capito che la vita è un cammino pieno di soste ma pur sempre un cammino e che adesso è ora di ripartire. Dopo 18 anni sotto la tua protezione, Busby, addio!

Vittoria Pasquini (Roma 1946), attivista politica, femminista, accademica e viaggiatrice ha scritto "La leggenda di Busby" sognando a Bronte, terra dell'antico popolo Gadigal della nazione Eora, da sempre e per sempre custode della costa di Sydney.

www.ingramcontent.com/pod-product-compliance
Lightning Source LLC
Chambersburg PA
CBHW022012290426
44109CB00015B/1149